14,50

AF277702

# Mallorca

por **Miquel Rayó,
Gabriel Janel Manila**
y **Miquel Ferrá**

ANAYA
**TOURING**

Autores: **Miquel Rayó, Gabriel Janer Manila** y **Miquel Ferrá**
Responsable de proyecto: **Esther García González**
Actualización de la presente edición: **Isabel Jiménez Barrera**
Equipo técnico: **David Lozano, Susana Folgado**
Cartografía: **ANAYA Touring**
Diseño tipográfico y de cubierta: *marivíes*

Fotografías: **Anaya**: Grupo Anaya: 36; Manuelafotógrafa.
com-Fototeca de España: 141. **Dreamstime**: Alessan
dro0770: 37 b; **Amoklv**: 104-105; **Andrews, Stuart**: 21 a,
138; **Artesiawells**: 21 b, 38, 123 a; **Belousova, Yulia**: 43
**Blurf**: 55 a y b, 140 b; **Claraaa**: 17; **Dorinmarius**: 19, 69, 73
b, 106, 107; **Dudlajzov**: 10, 11, 37 a, 96, 108 a y b; **Fotoand-
video**: 24, 78-79, 86; **Galkina, Veronika**: 77; **H368k742**: 6-7,
42; **Hdanne**: 23 b; **Jcoll**: 97; **Kalisinski, Dawid**: 85; **Kohlmus,
Gerd**: 14; **kotangens**: 72; **Lunamarina**: 81; **Medartmed**:
cabecera 10 indispensables; **Mircea Balate, Cristian**: 88-89;
**Mistervlad**: 9 b, 32; **Nikiforov, Alexander**: 28-29; **Razvanjp**:
8; **Richair**: 46; **Schlenger86**: 23 a; **Schnepf, Siegfried**: 105;
**Scholl, Florian**: 12-13; **Ushakovskiy, Ivan**: 47. **Istockphoto**:
**1MEDIA**: 140 a; **Alex**: 25 b y c, 82-83, 103, 110; **Allard1**: 115;
**ArtesiaWells**: 37 c, 64 a; **Balate Dorin**: 62-63, 68; **bortnikau**:
18; **cinoby**: 27 a, 120-121; **Emmel, Jeanne**: 123 b; Joppi: 51;
**LUNAMARINA**: 123 c; **MKCinamatography**: 100; **Mlenny**:
73 a; **Pavone, Sean**: 15; **sack**: 30-31; **Tomlinson, Daniel**: 64 b,
118-119; **travellinglight**: 122 a; **UlyssePixel**: 117; **Vsargues**:
cabecera Visita a Palma; **Zolotov, Vladislav**: 57, 99. **Shutters-
tock**: aldorado: 44; **Balate.Dorin**: 2, 27 b; **BestPhotoStudio**:
16; **bierchen**: cabecera Excursiones; **Dannhauer, Simon**: 113
b; **ElenaGC**: 49; **Emson, A.**: 84; **Glado, Natali**: 9 a; **Hoobaer,
Kris**: 60-61; **Kazmierczak, Pawel**: 113 a; **Kynast, Lars**: 114
mffoto: 95; **Migge G.P**: 122 b; osmera.com: 40-41; **pedro-
7merino**: 39; **pixelliebe**: 75; **Robert Harding Video**: 25 a;
**Sargues, Vicente**: 124; **Schuetz, Florian**: 92; **Sopotnicki**: 53,
**Tronin, Konstantin**: 116 a y b; **Video Media Studio Europe**:
90-91; **vulcano**: 59, 66-67, cabecera Dónde.

**14ª edición:** febrero 2025

© Grupo Anaya, S. A., 2025
Valentín Beato, 21. 28037 Madrid

Depósito legal: M-24927-2024
ISBN: 978-84-9158-863-4
Impreso en España-Printed in Spain

PAPEL DE FIBRA
CERTIFICADO

La información contenida en esta guía ha sido comprobada antes de su publicación. Pero dado el carácter variable de algunos
datos, como horarios de visita o precios, los editores declinan
toda responsabilidad por las molestias que pudieran ocasionar
a los usuarios de la guía y agradecen de antemano las sugeren-
cias y aportaciones que ayuden a mejorarla.
En **guiasdeviajeanaya.es**, la página web de Anaya Touring, se
puede consultar nuestro catálogo de publicaciones.

# Contenido

La Serra de Tramuntana

**3**

**Visita** a **Palma**

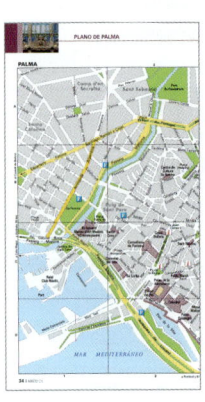

PLANO DE PALMA

PALMA

MAR MEDITERRÁNEO

# Cómo usar esta guía

## Antes del viaje

Se sugiere la lectura del apartado **Diez indispensables** (de la página 7 a la 29), artículos sobre la historia, el arte, la naturaleza, la arquitectura, las fiestas y las gentes de Mallorca. Para quienes opinan que la **gastronomía** es uno de los atractivos del viaje, la sección del mismo nombre (de la página 122 a la 125) ofrece una visión bastante completa de aquellas especialidades mallorquinas que pueden despertar la curiosidad del viajero.

## Durante el viaje

En el apartado titulado **Visita a Palma** (de la página 31 a la 65) se describe la localidad a través de diversos itinerarios (básico y complementario). En ellos se da una información detallada de los lugares de mayor interés. El **plano** (págs. 34-35) será de gran utilidad para realizar los desplazamientos por la ciudad.

## Excursiones por la isla

Bajo el epígrafe **Excursiones por Mallorca** (de la página 67 a la 119) se ofrecen **9 excursiones de un día,** que son otras tantas alternativas para visitar aquellas zonas que tienen un singular valor histórico, paisajístico o monumental. Puede encontrar un **mapa de la isla** (páginas 70-71) que le será de gran ayuda para recorrer la provincia.

## La hora de comer (y cenar)

Dentro del capítulo titulado **Dónde** se incluye una amplia selección de **restaurantes** por localidades, calidades y precios. En esta misma sección se facilita también información sobre un buen número de **actividades** con las que ocupar el tiempo libre que van desde las fiestas de las principales localidades, a otras como alojamientos, vida nocturna, deportes, compras...

## Use los índices

Finalmente se ha elaborado un **índice de lugares** de interés que permite localizar con facilidad las páginas en las que hay alguna información de utilidad.

## Planificación del viaje

**Quince días.** Puede recorrer la isla siguiendo las indicaciones de las excursiones que aparecen en las páginas 67 a 119. Dedique al menos un par de jornadas para visitar la ciudad de Palma siguiendo los dos itinerarios urbanos que se proponen en las páginas 31 a 65.

**Una semana.** Visite Palma siguiendo los itinerarios urbanos que se proponen en esta guía. Seleccione, entre las 9 excursiones propuestas, las que le resulten más interesantes para conocer la isla.

### Fin de semana

Si no desea salir de la ciudad de Palma, le sugerimos que recorra los dos itinerarios urbanos propuestos. En otro caso, haga solo la visita siguiendo el itinerario básico y seleccione una o varias excursiones, entre las que se proponen, a algún punto de la isla.

Para buscar **alojamiento** o **restaurantes** puede consultar el apartado **Dónde**, en el que se incluye un listado de establecimientos hosteleros, así como información práctica de todo tipo.

## Clasificación por estrellas

La mayoría de los lugares descritos en el libro se han clasificado por su grado de interés como sigue:

**✱✱**    Visita obligada
**✱**      Interesante

## SÍMBOLOS UTILIZADOS

A lo largo de la guía se han utilizado símbolos sencillos y claros para indicar las siguientes categorías:

🛈  información práctica

◎  referencia a los planos

✉  dirección o localización

📷  número de teléfono

🌐  página web

🕐  horario

💶  precio

## SIGNOS CONVENCIONALES EN EL PLANO

▨  Edificios de interés turístico

▨  Parques y jardines

🛈  Información turística

▨  Vías rápidas

▨  Calles peatonales

🅿  Aparcamientos

### Alojamiento

### Información práctica

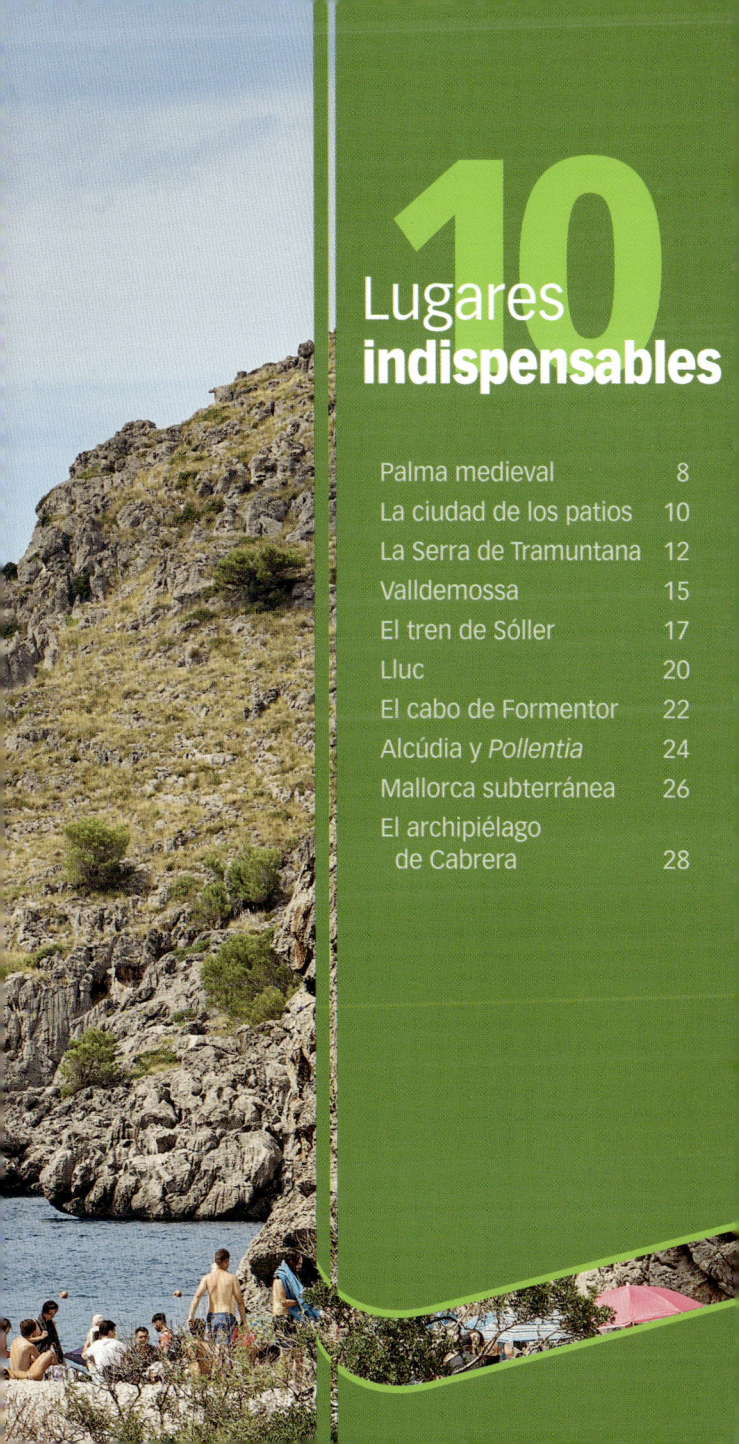

# 10

# Lugares
# indispensables

# Palma medieval

Una visita a la capital de la isla debe tener como eje conductor su patrimonio medieval. Es un tópico, pero ciertamente el arte gótico tiene aquí unos exponentes excepcionales que no hay que perderse: se trata del testimonio pétreo de una de las etapas históricas más brillantes de la ciudad.

## Info

🛈 **Oficinas de Información Turística**
**OIT Estació Marítima**
✉ Moll Pelaires, delante de la Estació Marítima, 2.
☎ 902 102 365.
**OIT Parc de la Mar**
✉ Av. Antoni Maura. Parc de la Mar, s/n.
☎ 902 102 365.
**OIT Estacions**
✉ Parc de les Estacions, s/n.
☎ 902 102 365.
**OIT Platja de Palma**
✉ Pl. de les Meravelles, s/n.
☎ 902 102 365.
🌐 www.visitpalma.com

▼ Torres del palau de la Almudaina.

Hay que remontarse a 1229, cuando el rey Jaume I parte de las playas de Salou con sus navíos hacia la conquista de Mallorca. La noche del 7 de septiembre de aquel año, hallándose ya en alta mar, un fuerte temporal amenaza a la flota catalanoaragonesa. En esos momentos el rey se arrodilla en la proa de su nave para rogar a Dios que los libre del peligro, y hace voto de construir, si logra salir del trance, la iglesia más bella que jamás se hubiera visto. El temporal amainó, y hoy puede afirmarse que el rey cumplió su promesa.

Construida a partir de 1230 sobre la antigua mezquita musulmana, la catedral de Palma se reflejó durante siglos sobre las aguas del mar, algo que hoy vuelve a suceder gracias a la construcción, en la década de 1980, del Parc de la Mar, con un lago que reproduce lo que eran las aguas del antiguo puerto. Las dimensiones del templo son impresionantes: 110 metros de longitud y 40 de ancho, una nave central de 44 metros de altura y un inmenso rosetón de 90 m² en la fachada principal. No es de extrañar pues, que su construcción se prolongara hasta 1587. Y eso sin contar las posteriores aportaciones, tanto o más interesantes algunas de ellas que la propia obra gótica: no hay que perderse la intervención de Antoni Gaudí en la Capilla Mayor o la capilla decorada por Miquel Barceló, polémica por su atrevido diseño.

Junto a la catedral se halla otra de las obras emblemáticas de la Palma medieval: el palau de la Almudaina, un enorme edificio gótico levantado sobre el anterior alcázar musulmán. Y por la parte posterior de la catedral, detrás del ábside, están el Palau Episcopal y el Museu Diocesà, que exhibe arte medieval exquisito.

Todos estos edificios conforman el núcleo medieval de la ciudad. Pero hay mucho más a su alrededor: los Banys Àrabs (Baños Árabes) que datan del siglo X, el convento de Santa Clara, las estrechas calles del antiguo Call o barrio judío, la iglesia de Montisión, la iglesia de Santa Eulàlia, o la iglesia de Sant Francesc con su espectacular claustro gótico que tanto impresionó a Albert Camus: "Cada día abandonaba aquel claustro como arrancado de mí mismo, inscrito por un breve instante en la duración del mundo".

Todo esto, claro, se dispone entre un desordenado entramado de callejuelas estrechas y oscuras, repletas de acogedores rincones aprovechados por las terrazas de bares y cafeterías. Y también hay algunos, pocos, espacios abiertos, como la plaça de Cort, presidida por el edificio del Ajuntament, la plaça Major, de marcado talante comercial, o el passeig des Born, que fuera una antigua rambla desviada en 1613 debido a las numerosas catástrofes que había causado, así por ejemplo en 1403 la fuerza torrencial de sus aguas provocó más de 5000 muertos.

Ya fuera del recinto de las viejas murallas se halla uno de los edificios medievales más espectaculares de cuantos pueden verse en España, la Llotja, excelencia del gótico civil mediterráneo. Fue la lonja de mercaderes y emblema de la vocación comercial de la ciudad en la Edad Media.

El recorrido por la Palma medieval debe concluir inexcusablemente con una visita al famoso castell de Bellver, elevado sobre un cerro en el extremo occidental de la ciudad. Es una obra del siglo XIV construida por orden de Jaume II y cuya insólita planta circular con torre exenta es un caso único del gótico mediterráneo. Camilo José Cela la citó como "el guerrero que jamás guerreó", ya que la fortaleza no vivió nunca ningún episodio bélico, pero sí que fue durante siglos una temida prisión, con "inquilinos" tan ilustres como Gaspar Melchor de Jovellanos o el general Luis de Lacy.

▼ Interior de los Banys Árabs (Baños Árabes), uno de los pocos restos de la arquitectura musulmana que se conservan en la isla.

▼ Almudaina y catedral.

# La ciudad de los patios

**Entre la Palma medieval se mezcla otra densa herencia arquitectónica, menos conocida, pero igualmente con elementos que otorgan gran personalidad a la ciudad. Hay que buscar, asomarse a los portales, para descubrir algunos de los espacios más característicos de Palma: los patios de las casas señoriales.**

Ha quedado dicho que el Medievo fue quizás la etapa más brillante de la historia de Mallorca, cuando Palma alcanzó un mayor dinamismo y un peso más influyente en el comercio, la cultura y la política del entorno mediterráneo. Pero las posteriores etapas históricas también dejaron huella en la ciudad, reflejo de la prosperidad de que gozó la burguesía mallorquina durante siglos, y hoy muestran la imagen de la Palma más señorial.

Del siglo XVI todavía hay en Palma elementos arquitectónicos que se superponen a la esplendorosa etapa del gótico, aquí alargada en detrimento de un Renacimiento con poco impulso. En cambio, el apogeo económico de la Mallorca del siglo XVII, aún basado en la intensa actividad comercial por el Mediterráneo, ya se manifiesta con unos elementos y unos gustos estéticos muy distintos y da pie a algunos de los espacios arquitectónicos más característicos de la ciudad: los magníficos patios barrocos de las casas señoriales de la época.

▼ Típicos patios palmesanos, algunos abiertos a las visitas.

La burguesía insular había ido abandonando sus *possessions* (grandes fincas y casas de campo) en las zonas rurales para ir a vivir a la ciudad, cerca del puerto, más próximos a su nueva fuente de enriquecimiento. Se rehabilitaron grandes casonas góticas ya existentes y se incorporaron a ellas patios y balconadas de trazas barrocas, de un barroco sobrio, elegante, sin los excesos de voluptuosidad propios de esta corriente artística.

Así, escondidos entre las callejuelas del núcleo medieval de Palma, se conservan más de cincuenta de estos espléndidos patios, de gran valor histórico y artístico. Cuentan con grandes escaleras de piedra con voladizo imperial, voladas o adosadas, que subían hasta una galería superior alrededor de la cual se hallan las lujosas habitaciones señoriales. En algunos casos, en torno a estos patios se unen más de una casa gracias a unos arcos rebajados con grandes columnas.

Algunos de estos patios pueden visitarse permanentemente, y durante los quince días previos a la fiesta del Corpus se abren al público casi todos ellos. Entre los que permanecen siempre abiertos destacan los del Casal Solleric (hoy un centro cultural), Can Olesa (casona del siglo XVI con patio barroco de finales del XVII) o Can Vivot.

El siglo XVIII es menos generoso con Palma en cuanto a legado arquitectónico o urbanístico y hay que esperar hasta finales del XIX e inicios del XX para ver nuevas aportaciones interesantes. La burguesía mallorquina vuelve a vivir una etapa de pujanza, enriquecida con el comercio y la industria, y se deja seducir por los cánones estéticos imperantes en el momento, el modernismo, que irrumpe en la isla de la mano de destacados arquitectos catalanes como Antoni Gaudí (que trabajó en la remodelación interior de la catedral) o Lluís Domènec i Montaner. El catálogo de obras modernistas en Palma es amplio, pero deben destacarse el sorprendente edificio neomudéjar de Can Corbella, la decoración exterior de Can Forteza, el edificio de El Águila, Can Forteza Rey, el Gran Hotel o la fachada del Forn des Teatre.

Y quizás la última gran obra de la burguesía mallorquina sea el céntrico Palau March, construido entre 1935 y 1940. Muestra un estilo historicista muy inspirado en el barroco local; merece la pena visitarlo porque, de paso, se contemplarán en su interior esculturas de Rodin, Chillida o Henry Moore, entre muchos otras artistas contemporáneos, además de los murales de Josep Maria Sert.

▼ Patio interior de la Almudaina.

# La Serra de Tramuntana

**3**

De Andratx a Pollença el viajero puede afrontar una larga ruta por las montañas del norte de Mallorca y disfrutar de los parajes naturales más espectaculares de la isla: impresionantes acantilados y roquedos, un vasto tapiz de pinares y encinares, y pequeños pueblos que no quieren saber nada de la Mallorca rendida al turismo.

Hay dos maneras de alejarse de la Mallorca más tópica: moverse por los pueblos del interior (algo, por cierto, muy recomendable) o bien refugiarse en las montañas. Y las montañas, en Mallorca, son la sierra de Tramuntana. Se trata de una larga cordillera que se extiende de suroeste a noroeste por el reborde occidental de la isla, desde Andratx hasta el cabo de Formentor, con cerca de 90 km de longitud y entre 10 y 20 km de ancho, y con sus cimas culminantes en el Puig Major (1445 m) y el Massanella (1340 m).

La sierra se levanta junto al mar y forma un litoral distinto al del resto de la isla: nada de largas playas de arena ni de grandes complejos turísticos ni excesos de asfalto; apenas deja sitio a unas diminutas calas que facilitan el baño y a algunos pocos núcleos tradicionales de población (Deià, Banyalbufar, Valldemossa). Los encinares y los pinares dominan completamente el paisaje hasta la misma línea del mar. También los acantilados, la roca calcárea, que la erosión ha labrado creando formas sorprendentes. Y en cuanto a la huella humana, poco más que los viejos bancales de piedra para los olivos o los antiguos refugios para el carboneo. Es, en fin, lo que ha venido a definirse reiteradamente como "la otra Mallorca".

Desde Palma hay que atravesar la jungla de hormigón de Costa Calvià para comenzar a ganar altura en los alrededores de Andratx, una población que aún conserva su estampa tradicional, sus calles empedradas y el encanto de su animado mercado popular de los miércoles por la mañana. Allí comienzan los salvajes escenarios de la sierra. La carretera bordea la costa hasta Banyalbufar y ofrece unas vistas soberbias, impactantes.

Se suceden los miradores a pie de ruta. Todos invitan a detenerse, pero no hay que dejar de hacerlo

## Info

ℹ **Centro de Interpretación de la Serra de Tramuntana Ca s'Amitguer**

✉ Carretera Lluc a Pollença, s/n. Escorca.

☎ 971 517 070.

🌐 https://serradetramuntana. net

▼La sierra de Tramuntana se levanta abruptamente junto al mar y forma un paisaje totalmente diferente al del resto de la isla.

en el mirador de ses Ànimes, donde se levanta una torre de vigilancia y defensa del siglo XVI.

El paisaje se calma en los alrededores de Valldemossa, un grupo de casas tradicionales dispuestas salvando una fuerte pendiente y que apenas saldría en los mapas si no fuera porque Chopin y George Sand pasaron allí un depresivo invierno. Olivos centenarios, cultivos en terrazas y algunas *possessions* suavizan un poco el paisaje en esta zona. Pero rápidamente vuelven los escenarios abruptos, los roquedos más escarpados, los altos acantilados y las profundas ensenadas. Desde el mirador de Son Marroig, en la villa de verano del archiduque Luis Salvador de Habsburgo, se obtienen las mejores vistas de este sector.

Poco más adelante está Deià, otro pueblo de estampa rural, tradicional, que ha adquirido renombre gracias a artistas e intelectuales que han dejado la impronta de su estancia allí: Picasso, García Márquez, Anaïs Nin, Ava Gardner, Mariscal, Pedro Almodóvar... Luego viene Sóller, más urbano, quizás la única concesión en esta costa a un turismo de mayor gentío. Merece la pena recorrer las calles de Sóller, asomarse a los portales de sus viejas casas y conocer las huellas que dejaron allí el modernismo y el art nouveau.

Los naranjos tapizan el valle de Sóller y dan otro respiro necesario porque a continuación viene lo más abrupto de la sierra. La carretera rodea la cima del Puig Major y los embalses de Cúber y del Gorg Blau. Un desvío permite bajar hasta sa Calobra y el torrent de Pareis, sin duda lo más espectacular que ha forjado la naturaleza en toda esta costa de la sierra de Tramuntana: el torrente se ha abierto camino entre paredes completamente verticales de hasta 300 m de altura en algunos puntos, para completar su salida al mar por un estrecho espacio. La estampa que ofrece todo ello es fascinante. Aún queda un largo recorrido antes de que la carretera descienda definitivamente hasta la localidad de Pollença. En este último sector el viajero debe detenerse a visitar el santuario de Lluc, epicentro espiritual de la isla.

De la importancia de esta sierra da fe su inclusión, por parte de la Unesco en junio de 2011, en la lista de paisajes culturales Patrimonio Mundial. Es sin duda un paraje con vocación de reserva natural, una garantía de salud ambiental de la que podemos disfrutar a pie gracias a la Ruta de la Pedra en Sec, el GR 221, toda una red de caminos de piedra que cruzan la sierra íntegramente.

▼ Torrent de Pareis.

# Valldemossa

El pequeño pueblo de Valldemossa es uno de los conjuntos de arquitectura popular mejor conservados de la isla. Pero su fama, de alcance internacional, le viene dada por su vieja cartuja y, sobre todo, por el invierno que pasaron en sus modestas celdas dos ilustres inquilinos: Frédéric Chopin y George Sand.

**4**

Emplazado en medio de la sierra de Tramuntana, Valldemossa es un pequeño pueblo de estampa rural que se extiende en cascada por la ladera de la montaña. Conserva sus viejas calles empedradas, con fuertes pendientes obligadas por la orografía, y su arquitectura tradicional con casas de piedra, teja árabe y persianas mediterráneas de invariable color verde. Como Deià, Esporles, Banyalbufar, Fornalutx u otros pueblos de la sierra, Valldemossa merece una visita sosegada para contemplar todo este singular patrimonio de arquitectura popular mallorquina. Pero, en realidad, el objetivo de los miles de autocares repletos de turistas que cada año desembarcan en esta población es un edificio en concreto: la cartuja.

La Real Cartuja de Valldemossa tiene su origen en 1399, cuando el rey Martí I *l'Humà* legó a los monjes cartujos de Scala Dei en el Priorat (Tarragona) unos terrenos en Valldemossa adyacentes al palacio de Sancho II, su antecesor. Allí levantaron los monjes un convento y a inicios del siglo xv comenzaron las obras de la iglesia monacal. No queda casi nada de la obra gótica original, pues el edificio fue modifi-

## Info

🛈 **Oficina de Turismo de Valldemossa**
✉ Avda. de Palma, 7.
☎ 971 612 019.
🖥 www.ajvalldemossa.net

▼ Vista de Valldemossa.

## Info

**Cartoixa de Valldemossa (Cartuja)**
✉ Cartoixa, s/n.
☎ 971 612 106.
🌐 https://cartoixade valldemossa.com
🕐 Consultad la web.

▼ Cartoixa de Valdemossa.

cado por completo en el siglo XVIII. De esa época son el campanario, con balcón volado y cubierta de azulejos, y el interior neoclasicista del templo.

En 1835, tras la ley de Desamortización de Mendizábal, la cartuja quedó prácticamente deshabitada. Muchas de las celdas fueron vendidas o convertidas en habitaciones de alquiler. En dos de ellas, la número 2 y la número 4, pasaron el invierno de 1838 a 1839 los más ilustres residentes que ha tenido el edificio: George Sand, Frédéric Chopin y los dos hijos de la primera, Solange y Maurice. Y es precisamente este hecho lo que hace de la cartuja uno de los puntos de visita más concurridos de toda la isla, que no es poco decir. Hoy se pueden contemplar, en las modestas estancias monacales, diversos objetos personales del famoso compositor polaco: partituras manuscritas, cartas e incluso el piano que, supuestamente, utilizó durante aquellos meses.

Entre las paredes de la austera celda, Chopin compuso, en solo tres meses, sus veinticuatro *Preludios,* la segunda *Balada,* las *Polonesas* números uno y dos, los *Nocturnos* uno y dos y el *Scherzo* número tres. Mientras, George Sand escribiría *Un invierno en Mallorca,* un diario novelado que hoy nos permite conocer las experiencias de la pareja durante los días que pasaron en la isla, desde su fascinación por el paisaje, el agravamiento de la enfermedad de Chopin o la hostil acogida que recibieron de los habitantes de Valldemossa. Amandine-Aurore Lucie Dupin, que era el verdadero nombre de la escritora, conoció a Chopin en 1836, dos años antes de instalarse en Valldemossa. Sand sufrió allí la intolerancia de los lugareños, no solo por su licenciosa unión con el compositor, sino también por vestir pantalones o por fumar en público, comportamientos intolerables para la recatada sociedad rural de la isla en esos tiempos. También hay que saber que Chopin y Sand no fueron los únicos residentes ilustres de la cartuja. En el siglo XX pasaron por sus celdas personajes como Unamuno, Azorín, Rubén Darío, Santiago Rusiñol o Jorge Luis Borges.

Aparte de visitar el templo y las celdas cartujanas, también deben verse la farmacia de los siglos XVII-XVIII, la segunda más antigua de España, así como las dependencias que hoy albergan el Museu Municipal de Valldemossa y en las que pueden contemplarse obras de Picasso, Miró, Tàpies, Millares y Saura.

Y, contiguo a la cartuja, el Palacio Real que hizo construir el rey Sancho de Mallorca en 1321; conserva una gran torre defensiva y un magnífico claustro gótico.

# El tren de Sóller

**5**

En pleno siglo XXI, mientras en España crece la red del ferrocarril de alta velocidad, entre Palma y Sóller aún funciona un vetusto y parsimonioso tren de madera. Merece la pena realizar el trayecto y completarlo con el encantador tranvía que lleva a Port de Sóller, otra reliquia de la ingeniería ferroviaria.

S i tenemos en cuenta que hasta la mitad del siglo XX la máquina de vapor tiraba de los ferrocarriles españoles, es fácil comprender que la inauguración en 1912 de la línea de tren electrificada entre Palma y Sóller supuso un impactante salto a la modernidad para la isla. Sin embargo hoy ofrece una evocadora y entrañable imagen de antigualla. Desde su primer viaje, jamás fue puesto al día. Pero en eso radica su encanto porque el tren de Sóller conserva todo su carácter original, con sus vagones de madera repletos de curiosos detalles de época.

Para subir al tren hay que ir a la plaza de España de Palma, que es epicentro de todo el transporte público interinsular: allí tienen su terminal las principales líneas de autobuses que recorren la isla, el moderno metro hasta la Universidad y también la estación del otro ferrocarril de Mallorca, el de Inca.

La pequeña estación del tren de Sóller, como el propio tren, ha sabido conservar su halo romántico, su sencilla y vetusta estructura de principios del siglo XX. Allí comienza un trayecto que permite dis-

## Info

**Oficina de Turismo de Sóller**
✉ Pl. Espanya, 15.
☎ 971 638 008.
🖱 https://ajsoller.net

**Oficina de Turismo del Port de Sóller**
✉ Edifici Portuari, Moll Comercial.
☎ 691 779 532.

**Tranvía y tren de Sóller**
✉ Plaça d'Espanya, s/n. Palma.
☎ 900 908 761.
🖱 https://trendesoller.com
⏱ Desde Palma a Sóller.
**Tranvía de Sóller**
⏱ Desde Sóller al Port: desde las 8 h hasta las 20.35 h; desde el Port a Sóller, de 8.30 h a 21.05 h.
🎫 Precio: 9 €.

▲ ▶ Fue un 4 de octubre de 1913 cuando se inauguró la línea del primer tranvía eléctrico de Mallorca entre Sóller y el Port de Sóller.

frutar intensamente, sin la velocidad de los trenes modernos, de los plácidos paisajes mallorquines. El tren sale cinco veces al día durante todo el año y el recorrido hasta Sóller dura poco más de una hora.

El trayecto se inicia a través del ensanche de Palma y se va dejando atrás el entorno urbano para internarse lentamente en un paisaje más amable, completamente llano, circulando entre almendros y algarrobos.

A partir de Palmanyola el terreno ya comienza a elevarse, pero es al llegar a la pequeña estación de Bunyola cuando asoman las primeras elevaciones de la sierra de Tramuntana y los densos bosques de pinos. También los olivos toman aquí un notable protagonismo, reminiscencia de cuando la producción de aceite era el principal recurso económico de la zona. Gracias al ferrocarril, Bunyola experimentó a principios del siglo XX un tímido despegue industrial, y todavía pueden verse junto a la estación los edificios de una vieja fábrica textil y de una destilería donde aún se elaboran los típicos licores mallorquines: el palo, las hierbas secas y dulces, y el resolí.

Después de Bunyola comienza la sucesión de túneles que permiten salvar la barrera de la sierra de Tramuntana. Desde hace algunos años existe un

moderno túnel para la carretera entre Palma y Sóller, pero durante muchas décadas el ferrocarril permitió evitar el sinuoso y vertiginoso trazado de la vieja carretera. Así, a la salida de los últimos túneles el tren ya se halla en la vertiente septentrional de la sierra frente al ancho valle de Sóller, jalonado de bancales con olivos y huertas de naranjos.

La estación de Sóller muestra todavía su vieja arquitectura y una decoración ferroviaria intacta desde principios del siglo XX. Desde allí hay que bajar a pie (es un breve paseo) en dirección a la plaza de la Constitució, el corazón del núcleo urbano de Sóller, y a medio camino se hallará el punto desde el que parte el pequeño tranvía a Port de Sóller.

El tranvía es otra insólita reminiscencia de un sistema de transporte que hoy está ya en los museos. Sus diminutos y encantadores vagones de madera se conservan intactos desde principios del siglo XX y recorren con lentitud los cinco kilómetros existentes hasta Port de Sóller. El trayecto discurre primero entre palmeras y cítricos, y finaliza bordeando junto al mar el arco de la bahía donde se encuentra Port de Sóller. Se completa así un trayecto evocador con dos trenes históricos que permiten una tranquila mirada a la isla.

# Lluc

"Si todos los caminos llevan a Roma, los de Mallorca conducen a Lluc". Este dicho popular define la trascendencia histórica del santuario de Lluc, emplazado en el corazón de la sierra de Tramuntana, como epicentro espiritual de la isla.

## Info

**Santuari de Lluc**
- Plaça dels Pelegrins, 1.
- 971 871 525.
- www.lluc.net
- Basílica: todos los días de 8.30 h a 19.30 h.
  Museo: todos los días de 9 h a 18 h (a 17 h en invierno).
  Jardín botánico: todos los días de 9.30 h a 19 h (a 17 h en invierno).

El escenario es lo primero a lo que hay que referirse: el santuario de Lluc se halla enclavado en medio de una de las zonas más abruptas de la sierra de Tramuntana, entre un sorprendente paisaje dominado por los encinares y por las extensiones de roca caliza desnuda, en la que los efectos de la erosión han creado curiosas formas: son los *camps de pedra* (campos de piedra). Desde el santuario parte un camino que lleva a la que, sin duda, es la más curiosa, famosa y fotografiada de estas formaciones pétreas: es Camell, cuyo perfil explica sin equívoco el origen del nombre.

El santuario de Lluc fue construido entre los siglos XVI y XVIII, pero comenzó a adquirir mayor importancia como destino de peregrinaje espiritual a partir de 1881, cuando Nuestra Señora de Lluc fue declarada patrona de Mallorca. Se trata de una imagen morena, posiblemente de origen gótico, labrada en piedra marés, policromada, y que hoy preside el ábside principal de la iglesia del santuario. Según la leyenda, imprescindible en estos casos, la figura de la Virgen fue hallada por un pastor a finales del siglo XIV en los alrededores del actual monasterio. Se sabe que la zona donde hoy se halla el santuario era conocida por los musulmanes como Al-yibal (la montaña), pero el origen del topónimo Lluc es más controvertido; una de las hipótesis que se contemplan es que proviene del dios Lug, rey de los muertos en la mitología celta.

En fin, lo cierto es que el santuario es hoy el emplazamiento religioso más importante de la isla, un lugar emblemático, punto de encuentro de miles de peregrinos y orgullo religioso, cultural y arquitectónico de los mallorquines.

La visita al lugar se inicia en los *porxets,* una serie de porches y balcones unidos en galería que conformaban el hospedaje para los numerosos peregrinos que acudían a caballo, y que han sido convertidos en celdas familiares para el mismo uso de acogida. Esta parte del conjunto, junto con las dependencias monacales, es de lo más antiguo que se conserva: se construyó en piedra caliza hacia el siglo XVI. Los

porches rodean un amplio espacio central ajardinado en el que pueden verse un abrevadero de 1589 y los bustos de tres grandes literatos mallorquines: los poetas Miquel Costa i Llobera y Lluís Riber, y el lingüista Antoni Maria Alcover.

Al final de los jardines está el edificio monástico, que debe atravesarse para llegar a una especie de patio interior: la plaza del Obispo Campins, en cuyo centro se yergue una gran escultura dedicada al prelado, levantada en 1920. Esta plaza está presidida por la fachada de la iglesia monacal, un templo de nave única y tres capillas en cada lado. Fue construido en estilo renacentista entre 1622 y 1691, pero también conserva algunos detalles posteriores: los elementos decorativos barrocos que se distribuyen por la portada principal, el campanario y las ventanas del cuerpo central del templo. Además, a principios del siglo xx se reconstruyó la fachada principal y se completó la decoración barroca de toda la iglesia bajo las directrices nada menos que del arquitecto catalán Antoni Gaudí.

Desde la misma plaza del Obispo Campins se accede a un sector del santuario que desde 1952 alberga uno de los museos más importantes de Mallorca. En él se exhibe una magnífica colección del arte sacro hallado y producido en Lluc, pero también de indumentaria popular mallorquina, cerámica, mobiliario tradicional, joyería, pintura y escultura contemporánea, artesanía textil mallorquina y arqueología.

▲ Santuari de Nostra Senyora de Lluc.

▼ Capilla del Santuari de Lluc.

# El cabo de Formentor

**7**

Este brazo pétreo en el que concluye la isla por el norte, verdadero *finis terrae* mallorquín, es uno de los espacios más bellos e impactantes de Mallorca, donde la roca y el mar se disputan violentamente el espacio sin permitir que la presencia humana se haya entrometido en la creación del paisaje.

## Info

🛈 **Oficina de Turismo de Pollença**
✉ Pere J. Cànaves Salas, s/n (Convent de Sant Domingo).
☎ 971 535 077.
🖰 https://pollensa.com

🛈 **Oficina de Turismo del Port de Pollença**
✉ Joan XXIII, 19.
☎ 971 865 467.
🖰 www.ajpollenca.net

El cabo de Formentor constituye una especie de península estrecha y alargada que conforma el extremo más septentrional de la isla de Mallorca, como una continuación de la sierra de Tramuntana que acaba muriendo definitivamente en su contacto con el mar.

Esta larga península cierra por el norte la bahía de Pollença y presenta una orografía extremadamente abrupta que lo convierte en un lugar casi inaccesible. En todo el territorio la roca es protagonista esencial del paisaje. Los acantilados sobre el mar alcanzan alturas vertiginosas, mientras que las playas son muy escasas, reducidas a algunas diminutas calas a veces solo accesibles por mar o mediante largas caminatas. Los pinares son densos al principio, pero la vegetación va desapareciendo conforme se avanza hacia el extremo del cabo: primero el característico matorral mediterráneo (palmito, estepa, lentisco) y finalmente la roca desnuda.

La compleja orografía, que conlleva dificultades en los accesos, y la escasez de playas, han dejado a este territorio a salvo de las incursiones especulativas de los constructores. Tan solo en la zona de cala Formentor hay un cierto desarrollo constructivo. Aún así, también allí siguen presentes aquellos enormes pinos que inspiraron a Miquel Costa i Llobera en su más célebre poema, *El pi de Formentor*. De hecho, la playa y el famoso hotel de Formentor son dos parajes emblemáticos de la isla descubiertos a principios del siglo xx por el poeta y promotor turístico argentino Adan Diehl, quien compró los terrenos para construir el hotel. Su interés por desarrollar el turismo en el lugar era mucho más ambicioso, e inició una fortísima campaña publicitaria en Francia, "estuvo a punto de desplegar un anuncio en la mismísima torre Eiffel" que no dio los resultados esperados, y el promotor se endeudó de tal manera que tuvo que huir de la isla.

Para llegar hasta el extremo de la península de Formentor hay que recorrer una carretera nada cómoda, estrecha y de sinuoso trazado, que permite imaginar lo dificultoso del recorrido antes de su construcción. Y sin embargo, a mediados del siglo XIX se levantó un faro en el abrupto final del cabo sobre un acantilado con 200 m de caída vertical.

El faro comenzó a funcionar a partir de 1863 y su mantenimiento era muy problemático. Dada la precariedad de los accesos, los víveres y el combustible solo llegaban un día de cada cinco. Y puesto que el suministro se realizaba por mar, la regularidad dependía del estado de este. Desde Port de Pollença salía una barca cargada de aceite de oliva, que era el combustible que utilizaba el faro, y de los alimentos para el farero que habitaba allí permanentemente. Además, el faro queda elevado sobre un enorme acantilado, por lo que fue necesario construir una escalinata de 272 peldaños (que aún puede recorrerse) para facilitar la subida del cargamento desde el punto donde atracaba la barca. Una vez subida la escalera, aún había que andar setecientos metros más de inestable sendero entre peñascos. Nada que ver con las facilidades actuales.

Mucho después de la construcción del faro, el ingeniero italiano Parietti logró trazar los veinte kilómetros de la carretera que hoy permite llegar hasta el faro de Formentor, con sus túneles y sus inacabables curvas; una obra que, al fin y al cabo, también debe considerarse como una heroicidad de la ingeniería. Quien conozca lo abrupto del territorio así lo reconocerá.

▲▼ Faro y cabo de Formentor.

# Alcúdia y *Pollentia*

**8**

Al resguardo de la bahía de Alcúdia los romanos fundaron *Pollentia,* cuyo puerto llegó a vivir una gran intensidad de tráfico comercial hacia la península Itálica y la costa de Hispania. Los restos de aquel asentamiento romano, diseminados hoy por el interesante casco histórico de Alcúdia son hoy uno de los atractivos culturales de la isla.

Los romanos desembarcaron en Mallorca en el año 123 a. C. Fueron recibidos a pedradas por sus pobladores que sin embargo tardarían bien poco en formar parte de las legiones romanas. La romanización de la isla fue contundente. De hecho, la ciudad de *Pollentia* fue fundada por Quintus Caecilius Metellus sobre un anterior poblado talayótico. Su nombre significa "poder", lo que deja bien claro el carácter con que los romanos llegaron a la isla. Pollentia alcanzó su máximo esplendor durante la época imperial, e inició su decadencia a partir del siglo III. Hoy pueden verse restos de la vieja ciudad romana por todo el entorno del casco antiguo de Alcúdia, lo que pone de manifiesto las notables dimensiones que alcanzó. Destacan tres grandes áreas arqueológicas: las casas de sa Portella, el foro y el teatro romano.

En el foro se hallaban los principales edificios públicos de la ciudad, pero ha llegado muy maltrecho hasta nuestros días. Fue saqueado y destruido a finales del siglo III y posteriormente utilizado como cementerio. Aún así se han hallado restos de un templo capitolino dedicado a Júpiter, Juno y Minerva, además de dos templos más pequeños, un porche y un conjunto de tiendas.

Sa Portella es un barrio residencial situado en el noroeste de Alcúdia. Allí pueden verse los restos de un conjunto de casas del siglo I y un tramo de unos cien metros de muralla que se construyó al inicio de

## Info

**Oficina de Turismo de Alcúdia**
✉ Paseo Pere Ventayol, s/n.
☎ 971 549 122.
🖥 www.alcudiamallorca.com

**Museu Monogràfic de Pollentia**
✉ Sant Jaume, 31. Alcúdia.
☎ 971 547 004.
🖥 www.alcudia.net
🕐 De martes a domingo de 9.30 h a 15 h; sábado 9.30 h a 11.30 h.

▼ Vista de Alcúdia.

la decadencia de la ciudad. Destacan la llamada Casa dels Dos Tresors ("de los dos tesoros") cuyo nombre le viene del hallazgo de dos grupos de monedas en su subsuelo, y la Casa del Cap de Bronze, llamada así porque en ella se encontró la cabeza de una muñeca realizada en bronce que hoy puede verse en el Museu Monogràfic de Pollentia. Pero, sin duda, lo más interesante de la Alcúdia romana es el famoso teatro, que fue construido en las afueras de la ciudad alrededor del siglo I. Tal y como hacían los griegos, se aprovechó el desnivel de una pequeña colina y se labraron las gradas sobre la roca, lo cual llevó a pensar durante mucho tiempo que se trataba de un anfiteatro griego. Tenía una capacidad aproximada para 2500 personas y hoy todavía se pueden observar perfectamente las gradas, la orquestra y la escena.

Aparte de los restos romanos el legado medieval de Alcúdia es sobresaliente. Su casco histórico alberga un conjunto monumental excepcional, herencia de la pujanza medieval de la isla, muy bien conservado y protegido por un entorno amurallado que data de los siglos XIII y XIV. Aunque sus contundentes murallas fueron en gran parte reconstruidas a mediados del siglo pasado, aún se conservan de la obra original la puerta de Xara y la puerta de Mallorca o de Sant Sebastià. De todas formas, el tramo más fotografiado de la muralla es el sector en el que asoma por encima la iglesia de Sant Jaume, templo construido sobre una anterior capilla gótica (siglo XIV), que hoy alberga un Museu Parroquial con valiosos retablos góticos.

No hay que conformarse con la espectacular estampa que ofrece el cerco de muralla. En el interior del recinto deben recorrerse las intrincadas calles de trazado medieval. Se descubrirán espacios encantadores como la calle Major, la plazoleta de ses Verdures o la plaza de la Constitució, en los que se suceden viejas casonas señoriales con ventanales renacentistas y otros singulares elementos arquitectónicos, y donde además hay una animada vida comercial.

▲ Ruinas de *Pollentia*.

▼ Iglesia de Sant Jaume y Porta de Xara, en Alcúdia.

# Mallorca subterránea

Se ha dicho en más de una ocasión que la descripción del infierno en la *Divina comedia* de Dante se asemeja a las galerías de las cuevas de Artà. Lo cierto es que en radical contraste con la placidez que destila la isla, su subsuelo muestra unos paisajes subterráneos tan bellos como intimidatorios. Son las cuevas de Artà, del Drach, dels Hams y de Campanet.

Cuenta la leyenda que un gran dragón (*drac* en catalán) guardaba la entrada a la cueva del Drach, y de ahí proviene su nombre. Aunque mucho antes de que las creencias populares le otorgaran este intimidatorio topónimo, los pueblos talayóticos ya habitaron el lugar como demuestran los vestigios hallados en su interior.

Tal vez las cuevas del Drach no son las más espectaculares de Mallorca pero son las más extensas, con un recorrido de 2400 m y una profundidad máxima de 25 m bajo la superficie. Y además son bellísimas, sobre todo por la presencia, en lo más profundo de sus galerías, del famoso lago Martel, considerado como uno de los mayores lagos subterráneos del mundo (177 m de largo por 30 m de ancho). El atractivo natural de esta cueva se ve especialmente ensalzado por una precisa iluminación diseñada por el ingeniero catalán Carles Buïgas (el creador de la fuente luminosa de Montjuïc), que culmina en el archiconocido espectáculo luminoso-musical que se organiza en el lago.

Las cuevas dels Hams están muy cerca, tanto que algunos de sus diversos lagos están unidos por sifones subterráneos con los del Drach. Empequeñecidas por la fama de su vecina, muestran sin embargo espacios de gran belleza, especialmente la sala donde se hallan las particulares formaciones kársticas que dan nombre a la cueva. Se trata de unas estalactitas arborescentes que adquieren forma de anzuelo ("ham" en catalán) o pequeño arpón y cuyo origen todavía no ha podido ser bien aclarado por los geólogos. La cueva también es escenario de conciertos de música clásica de pequeño formato.

Las cuevas de Artà son las más famosas de todo este mundo subterráneo mallorquín. Incluso su ubicación es espectacular con su acceso colgado en un acantilado rocoso a 50 m sobre el nivel del mar. Pero a pesar de su emplazamiento ya eran conocidas por los lugareños desde tiempos muy remotos, y fueron exploradas en toda su extensión en 1805. Hoy una

## Info

### Cuevas del Drach
- ✉ Carretera de les Coves de Porto Cristo. Manacor.
- ☎ 971 820 753.
- 🖥 www.cuevasdeldrach.com
- 🕐 Visitas con concierto: en verano las visitas son cada hora, desde las 10 h a las 17 h; en invierno, a las 10.30 h, 12 h, 14 h y 15.30 h.

### Cuevas dels Hams
- ✉ Carretera de Manacor a Porto Cristo, km 11,5.
- ☎ 971 820 988.
- 🖥 https://cuevasdels hams.com
- 🕐 De 10 h a 17 h (última visita a las 16 h).

### Cuevas de Artà
- ✉ Cap Vermell.
- ☎ 971 841 293.
- 🖥 www.cuevasdearta.com
- 🕐 De mayo a octubre de 10 h a 18 h; de noviembre a abril de 10 h a 17 h.

### Cuevas de Campanet
- ✉ Autovía Palma-Sa Pobla, salida 37.
- ☎ 971 516 130.
- 🖥 www.covesde campanet.com

carretera permite acceder al lugar con comodidad, y desde el aparcamiento hasta la boca de la cueva hay una escalera que fue construida en 1860 con motivo de la visita de la reina Isabel II.

Como las anteriores, también las cuevas de Artà están muy bien acondicionadas para la visita. Y también son bellísimas. La naturaleza ha creado en este sector del subsuelo calcáreo mallorquín formas insólitas a las que la imaginación humana ha puesto nombres como la sala del Órgano, la sala del Teatro, la sala del Infierno, la del Purgatorio, la de Banderas o la famosa Reina de las Columnas, un inmenso pilar de 22 m de altura que una compañía británica quiso adquirir en 1841 por poco más de cien mil pesetas.

La cueva de Artà está impregnada de leyendas y mitos. Algunos son de origen ancestral, pero otros se forjaron a partir de las visitas que realizaron personajes ilustres. Por ejemplo, se dice que Julio Verne se inspiró en ella para escribir su célebre novela *Viaje al centro de la Tierra,* y también Miquel Costa i Llobera para la menos conocida *La deixa del geni grec,* poema epopéyico en el que una ninfa mallorquina, Nuredduna, se convierte en anfitriona de Homero. También visitaron la cueva Víctor Hugo, Alejandro Dumas o Isaac Albéniz entre otros muchos personajes ilustres, pero para destacar su carácter dantesco bastan las sencillas palabras de Santiago Rusiñol: "Uno se dice: –Esto es bello, es grandioso, es sublime– pero lo dice con ganas de salir de allí lo más pronto posible: quisiera poder seguir admirando, pero retrocediendo. El guía, además, os tiene asustados. ¿Y si muriese?, pensáis. ¿Si se extraviase? [...]. Llega un momento en que preocupa tanto la pequeñez de aquel hombre como la grandeza de la cueva".

▼ Pasadizos de las cuevas de Artà, con una impresionante altura en alguno de sus tramos.

▼ Las cuevas del Drach, con un gran lago subterráneo son las más extensas de la isla.

# El archipiélago de Cabrera

**10**

Aguas transparentes, playas idílicas, paisajes completamente despejados de presencia humana... Cabrera es el rincón más sublime de todo el archipiélago balear, un pequeño territorio donde aún puede disfrutarse de la naturaleza en su estado más puro.

La excursión marítima que lleva hasta Cabrera no es de las que más suele realizar el turista. Y, sin embargo, es de las actividades que deben recomendarse con mayor vehemencia. El objetivo es contemplar un paisaje marítimo impactante (acantilados, cuevas ) y, sobre todo, disfrutar de unas playas de impecable belleza, de fina arena blanca, con un mar azul turquesa de fondos transparentes que no tiene absolutamente nada que envidiar a las playas de postal de los lugares más exóticos del planeta.

Se trata de playas vírgenes, sin edificios ni construcciones a su espalda, solo naturaleza pura, y que pueden disfrutarse sin bullicio ni aglomeraciones porque tan solo se comparten con el pasaje de la pequeña barca que parte cada día la Colonia de Sant Jordi para llegar al modestísimo puerto de Cabrera. Un lujo.

El archipiélago no cuenta con población permanente. Ni siquiera Cabrera, la isla de mayor tamaño. El resto son pequeños islotes y diminutos roquedos. A Cabrera se llega por un pequeño puerto existente en una de las bahías del noroeste de la isla, que se abre entre acantilados rocosos. Allí apenas hay un embarcadero y algunas casetas para servicios. Hace algunas décadas hubo en la isla un acuartelamiento militar del que aún quedan algunos restos, pero no hay más signos de actividad humana en tiempos modernos.

Esta escasa presencia humana ha permitido mantener prácticamente inalterado el paisaje natural del archipiélago. Y ello facilitó que en 1991 Cabrera se

convirtiera en el primer Parque Nacional Marítimo Terrestre del Estado español. En un mar Mediterráneo donde no sobran los espacios naturales, el valor de este archipiélago como ecosistema que no ha sufrido alteración alguna de la mano del hombre es enorme. Esta es la razón por la que Cabrera se ha convertido en una de las más importantes estaciones científicas para estudiar los cambios del medio biológico en la cuenca mediterránea. Su población animal terrestre es sorprendentemente nutrida si se tienen en cuenta las áridas condiciones del clima y del suelo insular. Cuenta con una amplia población estable de aves, como la gaviota de Audouín, el cormorán moñudo, el halcón de Eleonor o el águila pescadora, y también se han censado más de 130 especies de aves migratorias. Además, la flora abarca un completo muestrario de la vegetación balear, hay cerca de 430 especies vegetales, muchas de ellas endémicas.

Se sabe que la isla fue habitada por pequeños grupos de pescadores en la Edad del Bronce. También se ha podido demostrar la presencia de navegantes fenicios y romanos así como de los árabes alrededor del siglo X, hasta que el rey Jaume I conquistó Mallorca en 1229 y cedió las islas al pavorde de Tarragona.

A finales del siglo XIV se levantó el imponente castillo que aún hoy preside el perfil de la isla y que constituye otro de sus grandes atractivos. Se halla sobre una roca de más de 70 m de altura en la entrada al puerto. Desde lo alto de sus murallas las vistas son espectaculares.

Otro testigo pétreo de la historia insular es el monumento a los Franceses que se erige en el centro de la isla. Se trata de un monolito levantado en memoria de los miles de franceses que murieron en Cabrera entre 1809 y 1813, cuando entre 6000 y 9000 soldados fueron deportados y abandonados allí a su suerte; la mayor parte murieron de hambre, y tan solo 3000 supervivientes fueron repatriados a Francia.

## Info

**Parque Nacional Marítimo Terrestre del Archipiélago de Cabrera. Centro de Visitantes**

✉ Gabriel Roca, s/n, esquina plaça des Dolç. Colònia de Sant Jordi.

☎ 971 176 124.

🖥 www.caib.es

🕐 Visita: de 10 h a 18 h-19 h en verano (la última admisión, una hora antes). Cerrado en diciembre y enero.

**Oficina de Información en el puerto de Cabrera**

☎ 971 176 501.

🕐 Horario de invierno: de 8 h a 14 h y de 16 h a 18.30 h. Horario de verano: de 8 h a 20 h.

 Parque Nacional Marítimo Terrestre del Archipiélago de Cabrera.

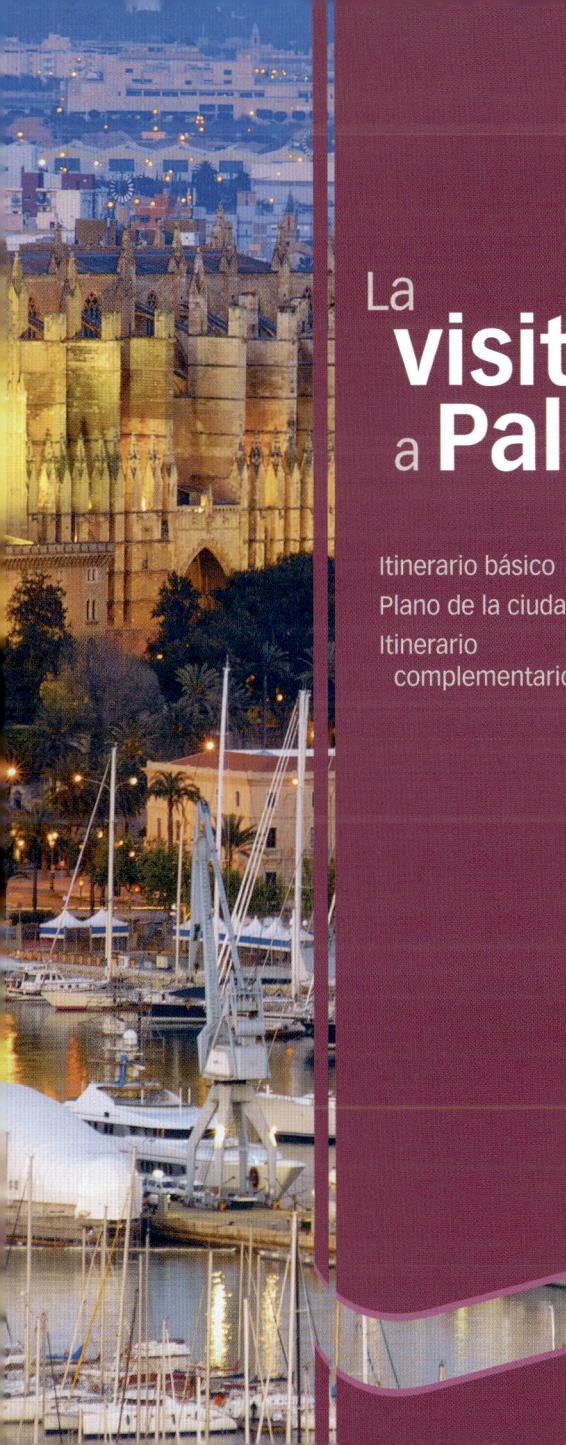

# La
# visita
# a Palma

# Visita a Palma

En la costa mallorquina, en la zona suroeste, al fondo de una bahía extraordinaria de más de 20 km de largo y 25 de ancho se sitúa Palma, capital administrativa y localidad más importante de la Comunidad Balear. Cuenta con unos 423 000 habitantes. Por su posición en el Mediterráneo han dejado su huella romanos, árabes, franceses, italianos... lo que la ha convertido en un atractivo centro histórico artístico que recibe, gracias a su infraestructura turística, miles de viajeros cada año, que no solo disfrutan de su patrimonio cultural sino también de su alegre y bulliciosa vida. El Ayuntamiento y la Conselleria de Turisme organizan una serie de itinerarios guiados por las zonas de mayor interés: Palma y el mar, convento de las Capuchinas, el Modernismo, Palma Monumental y el Call judío. Consultad en la oficina de turismo.

## ITINERARIO BÁSICO

### I AJUNTAMENT (AYUNTAMIENTO)    **\*\***
El Ayuntamiento de Palma se encuentra en la plaza de Cort. La fachada fue construida entre los años 1649 y 1680 en una época de transición del manierismo al barroco. El resto del edificio data de los últimos años del siglo XVI.

La antigua Universidad, como se denominaba el órgano de gobierno municipal instaurado durante la segunda mitad del siglo XIII, instaló su sede en el edificio que ocupaba el Hospital de San Andrés. En 1649 se inició la ampliación del viejo edificio, que se realizó en fases sucesivas y duraría hasta mediados del siglo XVIII.

La **fachada**, el elemento más importante, reproduce el esquema de la casa señorial mallorquina tradicional de tres pisos. En la planta baja se abren tres entradas con una esmerada ornamentación; el cuerpo intermedio tiene un balcón corrido; la fachada es coronada por un alero artesonado de 3 m, sostenido por cariátides y atlantes y tallado en 1680 por Gabriel Torres.

El interior ha sufrido muchas transformaciones. Por encima de la fachada sobresale la **torre** que alberga la campana denominada *En Figuera,* que procede de la Almudaina. Por el nombre de **En Figuera** conocen, además, los palmesanos el reloj de la fachada de su Ayuntamiento. En el interior de la entrada, pueden verse los gigantes locales (vestidos a la usanza mallorquina tradicional) y en la puerta izquierda de la fachada uno ha de entretenerse en buscar la imagen en piedra de dos animales, un caracol *(caragol)* y una salamanquesa *(dragó),* los cuales, asegura la voz popular, son las firmas de los canteros constructores del edificio.

Estamos en el corazón de la ciudad gótica y renacentista donde algunos caserones se han convertido en pequeños hoteles con encanto o en tiendas de diseño y moda.

### I TEATRE PRINCIPAL    **\***
Pertenece al clasicismo tardío y ocupa el solar de la antigua Casa de las Comedias (1662-1854). La primera construcción se llevó a cabo entre los años 1854 y 1857, pero siete meses después de la inauguración el edificio fue destruido por un incendio. La restauración comenzó inmediatamente con los mismos criterios y por los mismos autores de la primera etapa.

Posteriormente, en 1895, se realizó una segunda reforma que consistió en añadir un tercer piso al

---

I Planificación
de la visita

Se proponen dos itinerarios diferentes para visitar la ciudad de Palma. El **itinerario básico** está pensado para aquellos que desean visitar los lugares más importantes de la ciudad.

El segundo, denominado **Itinerario complementario,** va dirigido a aquellos viajeros que pretenden realizar una visita más pormenorizada de la ciudad. Este recorrido se inicia en el **Consolat del Mar,** enlazando un buen número de monumentos y lugares de interés, hasta concluir en el **puerto** y el **castell de Bellver.**

Para facilitar la visita se incluye un **plano de Palma** en las páginas 34 y 35. El símbolo ⓞ remite a la localización de los monumentos y lugares de interés en el mismo, mientras que las estrellas (**\*** o **\*\***) hacen referencia a su importacia o su especial interés.

· · · · · · · · · ·

ⓞ C3
**Ajuntament**
✉ Pl. de Cort, 1.
☎ 971 225 900. Atención al ciudadano: telf. 010.
🌐 www.palma.es

· · · · · · · · · ·

ⓞ C3
**Teatre Principal**
✉ Riera, 2.
☎ 971 219 700.
🌐 www.teatreprincipal.com

# PALMA

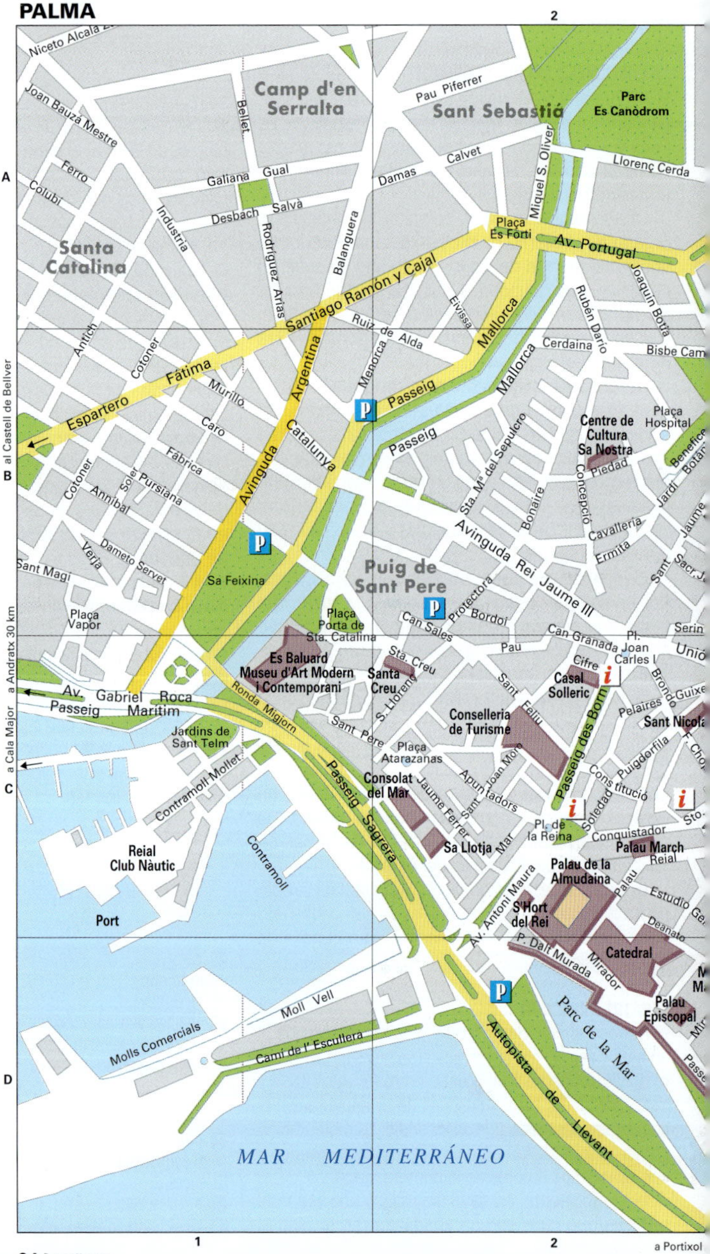

**2**

Niceto Alcalá Z.

Joan Bauzá Mestre

Camp d'en
Serralta

Pau Piferrer

Sant Sebastià

Parc
Es Canòdrom

Beliet

Ferro

Galiana

Gual

Damas

Calvet

Llorenç Cerdà

Colubi

Desbach

Salvà

**A**

Santa
Catalina

Industria

Rodríguez Arias

Balanguera

Plaça
Es Forti

Av. Portugal

Santiago Ramón y Cajal

Eivissa

Joaquín Bona

Antich

Cotoner

Fátima

Murillo

Argentina

Ruíz de Alda

Mallorca

Rubén Darío

Cerdaina

Bisbe Cam

al Castell de Bellver

Espartero

Caro

Avinguda

Catalunya

Menorca

Passeig

Mallorca

Centre de
Cultura
Sa Nostra

Plaça
Hospital

Cotoner

Soler

Pursiana

Fábrica

Passeig

Sta. Mª del Sepulcre

Concepció

Piedad

Benefice

Jardi

Botàn

**B**

Anníbal

Dameto Servet

Yerla

Avinguda Rei Jaume III

Bonaire

Cavalleria

Ermita

Jaume

Sant Sacr. J.

Sant Magí

Plaça
Vapor

Sa Feixina

Puig de
Sant Pere

Protectora

Bordoi

Serin

Unió

a Andratx 30 km

Plaça
Porta de
Sta. Catalina

Can Sales

Sta. Creu

Pau

Can Granada

Joan
Carles I

Pl.
Joan
Carles I

Cifre

Av. Gabriel
Passeig

Roca
Maritim

Es Baluard
Museu d'Art Modern
i Contemporani

Ronda Migjorn

Santa
Creu

S. Llorenç

Sant Feliu

Casal
Solleric

Pelaires

Bronze Guixe

Sant Nicol

a Cala Major

Jardins de
Sant Telm

Sant Pere

Conselleria
de Turisme

Apuntadors

Passeig des Born

Puigdorfila

Chol

**C**

Contramoll Mollet

Plaça
Atarazanas

Jaume Ferrer

Consolat
del Mar

Constitució

Soledad

Conquistador

Palau March

Sto.

Reial
Club Nàutic

Contramoll

Sa Llotja

Pl. de
la Reina

Palau de la
Almudaina

Palau

Reial

Estudio Ge

Port

S'Hort
del Rei

Av. Antón Maura

Deanato

Catedral

M
Ma

Moll Vell

P. Dalt Murada

Mirador

Palau
Episcopal

Molls Comercials

Camí de l' Escullera

Autopista

Parc de
la Mar

de

Llevant

Passe

Mir

**D**

## MAR    MEDITERRÁNEO

**1**

**2**

a Portixol

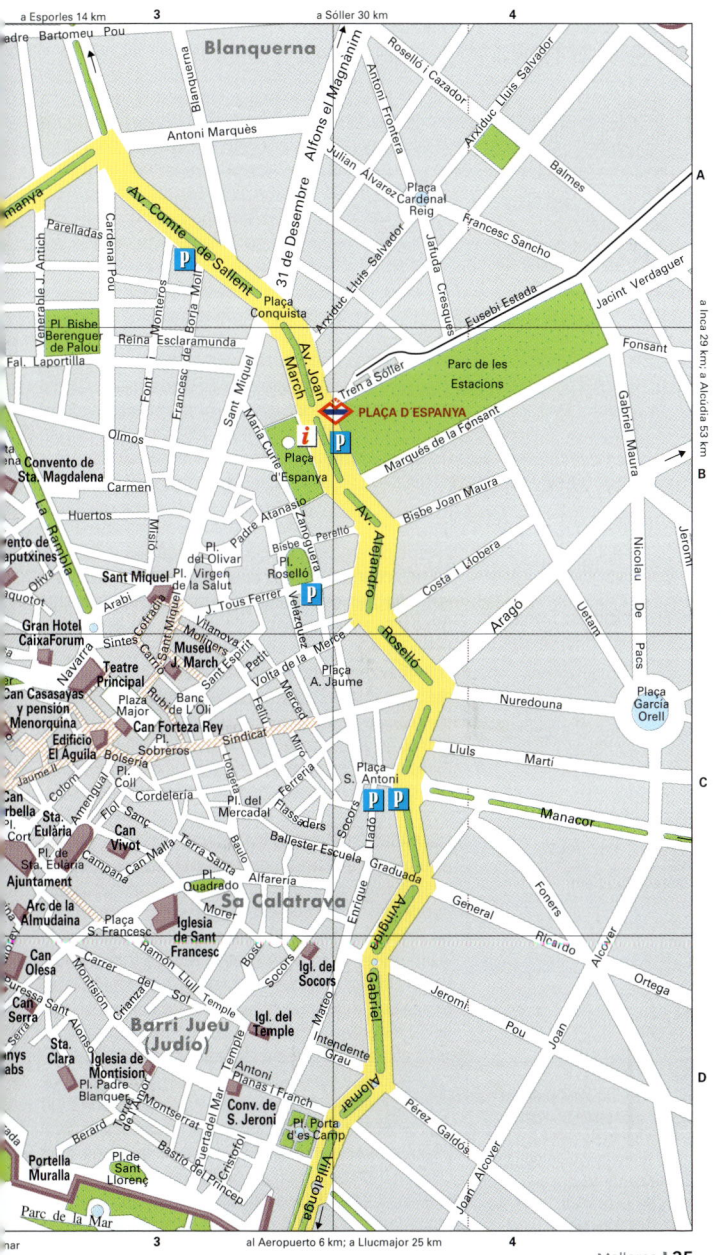

# La cartografía medieval

Palma fue una de las ciudades clave en el entramado comercial del Mediterráneo en la Edad Media. Su puerto era lugar de obligatorio receso. Sus mercaderes negociaban en Orán, Venecia, Alejandría, Argel o Génova. Por ello, sus usos marítimos dieron origen a compendios de legislación náutica en muchos aspectos aún vigentes en la actualidad (es famoso su Llibre del Consolat de Mar); sus astilleros (*draçanes*) tenían un merecido prestigio; y especialmente reconocido era el trabajo de sus cartógrafos, la mayoría de origen judío: Jafuda y Abraham Cresques, Dulcert, Guillem Soler, Gabriel de Vallseca... Alguno de ellos fue convocado por Enrique el Navegante de Portugal, cuando desde este reino se iniciaron las pesquisas atlánticas. Los *portolans* (mapas) de la escuela mallorquina fundamentaron la cartografía occidental durante siglos. El *Atlas català* (1375) de la familia Cresques es una obra de arte de valor universal. Hoy se conserva en la Biblioteca Nacional de París.

► En la página siguiente, exterior, detalle de una gárgola e interior de Sa Llotja (Lonja).

🕐 C2
**Passeig des Born**

🕐 C2
**Sa Llotja**
✉ Plaça Sa Llotja, 5.
☎ 971 711 705.
🖥 www.visitpalma.com
🕐 De abril a octubre, de 10.30 h a 13.30 h y de 16 h a 21 h; de noviembre a Semana Santa, de 10.30 h a 13.30 h y de 16 h a 19 h.
🎟 Entrada gratuita.

cuerpo central del edificio. La **fachada** se distribuye en tres cuerpos, el más importante de los cuales es el central debido a su ornamentación. Este tiene tres pisos y está rematado por un frontón. El piso inferior tiene tres portales con arcos de medio punto. Las columnas del primer piso son de estilo jónico y las del segundo corintias. Destaca el relieve del **frontón** con temas mitológicos, realizado por Ricard Anckermann. El teatro depende del Consell Insular de Mallorca –un equivalente a la diputación o cabildo– y es escenario cada año de una temporada de ópera.

**❙ EL PASSEIG DES BORN (PASEO DEL BORNE)** ✱
El terreno que actualmente ocupa el passeig des Born constituía antiguamente una estrecha y profunda cala donde desembocaba el torrente de la Riera. Servía de límite occidental a los dos primeros recintos de las murallas, pero a partir de la tercera fortificación, construida en la época musulmana, se integró plenamente dentro del nuevo perímetro urbano y a lo largo de su recorrido fue atravesado por tres puentes. En 1613 el cauce de la Riera fue desviado a su actual ubicación, lo que permitió dedicar los terrenos ganados al agua a actividades sociales y de diversión como los torneos que dieron nombre al actual paseo. Este popular paseo se extiende desde la plaza de Joan Carles I o plaza de la Font de Ses Tortugues –cuatro sufridas tortugas de piedra sostienen un obelisco– hasta la plaza de la Reina, y su rambla central está

flanqueada por cuatro esfinges *(lleones)* que sufrieron en alguna ocasión censura por la desnudez de sus pechos. Frente al obelisco se encuentra el *bar Bosch,* toda una institución para los aficionados a las tertulias nocturnas y para los *voyeurs* diurnos. El trazado actual del Born, con ligeras modificaciones formales, fue realizado por Isidro González Velázquez para recibir la visita de la reina Isabel II en el siglo XIX. El Born es el centro de la ciudad; desde allí se puede llegar a la Palma monumental, comercial y lúdica.

### | SA LLOTJA (LA LONJA)  ★★

El edificio de la Lonja es una obra maestra de la arquitectura gótica civil y un hermoso ejemplo del gótico tardío o flamígero en la ciudad de Palma.

Situada en el paseo de Sagrera, era el edificio en el que residía el órgano de gobierno del colegio de Mercaderes y también la sala de contratación y el lugar donde se hacían las transacciones comerciales.

En 1426 el colegio de Mercaderes pidió al arquitecto Guillem de Sagrera que construyese el edificio; él, sin embargo, no pudo terminar el trabajo debido a que en 1447 fue reclamado a Nápoles por Alfonso V para edificar el Castel Nuovo, continuando las obras Arnaldo Pons. La construcción fue terminada por Guillermo Vilasolar, a mediados del siglo XV.

En su parte **exterior** el edificio se articula en cuatro lienzos de **fachada,** rematados por una crestería de diseño geométrico con torres octogonales en los ángulos y diez torres menores que se corresponden con los puntos de arranque en los que se inician los arcos interiores.

Elevados por encima del muro hay una sucesión de elementos verticales que se prolongan en el interior por medio de columnas que sostienen las bóvedas. La simplicidad del conjunto acaba convirtiéndose en una obra maestra, bella, sencilla y sutilmente delicada. La decoración escultórica se limita a los tímpanos de las entradas que se abren en las dos fachadas menores, a tres de las cuatro estatuas de santos –que debían figurar en los ángulos– y, finalmente, a las gárgolas y las molduras.

Sobre la **portada** de levante se divisa la imagen del *Ángel defensor de la mercadería,* una hermosa escultura que anuncia el arte del Renacimiento, y sobre la puerta de la **fachada** occidental (la puerta del jardín) se halla una escultura de la *Virgen con el Niño.*

El espacio interior está dividido en tres naves separadas por seis columnas, sin base ni capitel y con el fuste formado por unas estrías helicoidales

que se despliegan en la parte superior y constituyen las nervaduras de las bóvedas de crucería; el efecto que producen ha llevado a la comparación de las columnas con un palmeral de piedra. Los ventanales, bellamente decorados, proporcionan abundante luminosidad al interior, puesto que la parte superior está coronada por una galería de ventanas sobre la que hay una crestería de almenas. Una cornisa, a mediana altura, armoniza toda la fachada del edificio. Actualmente la Lonja se utiliza como lugar de exposiciones.

⊙ C2
**S'Hort del Rei**

### S'HORT DEL REI　　　　　　　　　　✱

En la zona de poniente se encuentra S'Hort del Rei, jardín utilizado desde antiguo por las cortes musulmanas y posteriormente por los cristianos. Este jardín ocupa la parte de poniente del conjunto de la Almudaina. Hace algunos años que se ha rehabilitado; antes, este espacio estaba ocupado por un cuartel de caballería y por el teatro lírico. Constituye una pequeña zona verde de la ciudad que ensalza el conjunto de la Almudaina, en donde podemos también encontrar esculturas de Joan Miró, Calder y Subirachs.

▼ Patio del Palau Museu y torres del Palau de la Almudaina.

### ARCO DE LAS ATARAZANAS MUSULMANAS　✱✱

Este gran arco, de estilo árabe, se remonta a los siglos XI y XII, cuando daba acceso al astillero de la *Medina Mayurqa* (Palma islámica). Actualmente está situado en S'Hort del Rei. Fue descubierto durante unas obras de restauración de la Almudaina. Es un claro testimonio del poder naval que llegó a tener Palma en la época musulmana, cuando era una de las ciudades más importantes de Al-Ándalus.

### PALAU DE LA ALMUDAINA　　　　　✱✱

El palacio de la Almudaina es un conjunto arquitectónico heterogéneo, de estilo gótico sobre una base árabe, viejos muros y una torre, la más alta, sobre la que se levanta la figura del Ángel custodio. En la actualidad es la residencia oficial de la Casa Real española para ceremonias y recepciones, pero es el palacio de Marivent el que usan los reyes como residencia de verano. Su estructura tiene forma rectangular y está cerrada por altos muros flanqueados por poderosas **torres** de planta cuadrada, entre las cuales sobresale la del Ángel o del Homenaje.

En la **fachada sur** destaca el famoso arco del siglo XI, que permitía la entrada de naves al muelle del alcázar musulmán. Si contemplamos las torres del cuerpo central, podemos observar tres niveles: en la primera planta de la fachada sur cuatro arcos de medio punto, que se transforman en ocho de forma ojival en la parte superior; en el último nivel se abren ventanas geminadas.

En la **fachada de poniente** pueden verse dos arcos de medio punto transformados en cuatro en el segundo piso, mientras que en el último hay una galería sostenida por columnas cilíndricas. A la derecha de este cuerpo, al lado de las escaleras que suben a la catedral, encontramos seis anchos ventanales que permiten la entrada de luz a la sala del trono. Al otro lado podemos observar una **torre** medieval, es lo que queda de la famosa torre de las cabezas donde eran expuestos los ejecutados.

En la **fachada** que se abre a la catedral hay varias entradas, entre ellas la del **museo** de la Almudaina, que da a un patio interior, el **patio del Rey,** donde se ubica la **capilla** gótica **de Santa Ana,** con una preciosa puerta de estilo románico. El palacio de la Almudaina es un auténtico alcázar, es decir, castillo y palacio real. Su construcción se inició en el siglo x justo después de la conquista musulmana. A lo largo del tiempo la fortaleza ha sufrido diversos cambios, por lo que en 1884 se iniciaron las obras de restauración que continuaron en diversas etapas hasta que el conjunto adquirió de nuevo su aspecto antiguo.

● ● ● ● ● ● ● ●

⊙ C-D2
**Palau de la Almudaina**
✉ Palau Reial.
☎ 971 719 145.
🖰 www.patrimonionacional.es
⊙ De abril a septiembre, de martes a domingo de 10 h a 19 h; de octubre a marzo, de 10 h a 18 h. Acceso gratuito: miércoles y domingo de 15 h a 19 h.
🎫 Tarifa básica: 7 €. Tarifa reducida: 4 €.

▼ Palau de la Almudaina.

► Catedral de Palma.

⏱ D3
**Can Olesa (Palacio Oleza)**
✉ D'en Morey, 33.

⏱ D2
**Catedral**
✉ Plaza de la Almoina, s/n.
☎ 971 713 133.
🔗 https://catedraldemallorca.
org
⏱ De abril a octubre, de lunes
a viernes de 10 h a 17.15
h, sábado de 10 h a 14.15
h; de noviembre a marzo,
de lunes a viernes de 10 h
a 15.15 h, sábado de 10 h a
14.15 h; cerrado domingo.
De mayo a octubre también
se puede subir a las
terrazas de la catedral.
🎟 Entrada general: 10 €.
Catedral, terrazas y Museo
de Arte Sacro: 25 €.

**┃ CAN OLESA (PALACIO OLEZA)**      ✱

Situado en la calle Morey, cerca de la plaza de Santa Eulalia, el palacio de Can Olesa es uno de los
ejemplos más representativos del palacio señorial
mallorquín en el viejo barrio de la catedral.

Construido en el siglo XVI con una acusada influencia italiana, marca el inicio de la evolución
del palacio gótico. La parte más interesante es el
**patio,** que puede verse muy bien desde la calle,
con columnas barrocas y decoración plateresca en
frisos y ventanas.

**┃ LA CATEDRAL**      ✱✱

La catedral de Palma se levanta sobre el solar que
ocupaba la antigua mezquita árabe, entre el actual
Palacio Episcopal y el de la Almudaina, y tiene una
longitud de 109,40 m. Comenzó a construirse en
estilo gótico primitivo durante el reinado de Jaime
II, primer monarca de la casa real mallorquina. El
portal mayor de estilo renacentista fue bendecido
en 1601. A lo largo de la historia ha sido sometida

a varias reformas como la que tuvo lugar en 1851, para reparar importantes desperfectos causados en la fachada principal por un violento temblor de tierra, o como la del arquitecto catalán Antoni Gaudí, quien abandonó las obras en 1914 después de una discusión con el contratista a causa de uno de los pináculos de la puerta del Mirador.

La cara meridional es la imagen más característica de la Seo; en ella puede verse el **portal del Mirador,** con algunas de las mejores esculturas del también arquitecto Guillem de Sagrera, aún de estilo gótico, y un relieve de la *Última Cena,* así como una imagen sedente del *Padre Eterno,* labrados estos últimos a finales del siglo XIV por Juan de Valenciennes.

A finales del siglo XV en la **fachada norte** se abre el **portal de la Almoina,** que tiene un arco apuntado recubierto de fina decoración vegetal y sobre su tímpano aparece una imagen de la *Inmaculada.*

Junto a la puerta se alza el majestuoso campanario. La **fachada occidental** es la más reciente. La

▲ Capilla del Santísimo Sacramento de la catedral, con la atrevida intervención de Miquel Barceló.

primitiva era de estilo gótico y fue sustituida por la actual de estilo renacentista, muy simple de líneas. La portada consiste en un gran arco de medio punto abocinado en la que destaca una decoración floral y está flanqueado por estatuas de santos con un tratamiento más hierático que naturalista.

En el **interior** pueden distinguirse tres naves separadas por altísimos pilares y cubiertas con bóvedas de crucería. En la cabecera se encuentra la **capilla de la Trinidad,** probablemente la parte más antigua del templo, y situada seis metros por encima del nivel del resto del edificio. Entre los contrafuertes de los muros laterales se sitúan otras dieciséis capillas; entre ellas destaca la **capilla Mayor** o **capilla Real,** en la que aparece repetido dieciséis veces el escudo de los reyes de Mallorca. La disposición de las esculturas y demás elementos decorativos es obra de Gaudí (1904). Son muy bellos los dos **púlpitos** platerescos de Juan de Salas (siglo XVI). El tornavoz de la Epístola fue diseñado por Gaudí.

La **sala capitular** es del siglo XV. En ella se encuentra ubicado el sepulcro del obispo Gil Sánchez Muñoz. El **claustro,** de estilo barroco, se terminó de construir en el año 1707. A la altura del crucero hay tres grandes rosetones con vidrieras, además de otro en la capilla de la Trinidad, que inundan de luz las grandes naves de la catedral. Por último se recomienda visitar el **Museo de la Catedral,** que contiene interesantes piezas de orfebrería religiosa entre las que destacan dos grandes candelabros de plata.

Pero, sin duda, hoy la gran atracción de la catedral es la **capilla** que ha decorado Miquel Barceló. Su creación en técnica mixta representa con inusitada fuerza el episodio de la multiplicación de los panes y de los peces. Su estilo vigoroso rompe con la serenidad impuesta por el tiempo sobre las viejas paredes del templo. El contraste es obvio y la polémica está servida.

### ❙ BANYS ÀRABS (BAÑOS ÁRABES) ✱✱

Los baños árabes son uno de los escasos restos que todavía conserva Palma de la etapa musulmana (principios del siglo XI). Su interés, más arqueológico que artístico, radica principalmente en su valor histórico como documento de una época de gran esplendor.

Situados en el jardín de la casa de la familia Espanya-Morell, en el número 7 de la calle Can Serra, solo se conserva de ellos la sala central destinada a baños de vapor. La planta es cuadrada y delimitada por doce columnas sin base, con capitel en forma troncocúbica.

● ● ● ● ● ● ● ●
🕐 D3
**Banys Àrabs**
✉ Can Serra, 7.
☎ 637 046 534.
🕐 Todos los días de 10 h a 18 h.
🎫 Entrada: 3,50 €.

● ● ● ● ● ● ● ●
🕐 D3
**Museu Mallorca**
✉ Portella, 5.
☎ 971 597 995.
🖱 www.caib.es
🕐 Martes, viernes, sábado y domingo, de 9 h a 14 h; miércoles y jueves, de 9 h a 19 h.

### | MUSEU MALLORCA

Este museo cuenta con una completa colección del patrimonio histórico de las diferentes culturas que han dejado su influencia en la isla, especialmente de la talayótica y árabe, además de pinturas medievales, cerámicas, mobiliario y artes suntuarias. Se ubica en el que antiguamente fuera el **palacio de Ca la Gran Cristiana,** que perteneció a una de las más rancias familias nobles mallorquinas, los condes de Aiamans. El edificio, que data del siglo XVII, presenta la tipología habitual de los caserones palmesanos entre gótico y barroco, con tardíos elementos neogóticos: balcones, ventanas, patio, claustro. En el museo se pueden adquirir publicaciones sobre la historia de la ciudad y sobre el propio contenido del museo y de los trabajos arqueológicos de la institución.

### | ES BALUARD

Es Baluard es la sede del **Museu d'Art Modern i Contemporani de Palma**. Se ubica en una mag-

# Palma, ciudad de dragones

Algunos eruditos locales han publicado en los últimos años sendos trabajos sobre las representaciones de dragones en la imaginería civil y religiosa de los edificios monumentales de la ciudad.

Uno de estos autores (Jaume Llabrés, autor además de unos documentados y completos trabajos históricos sobre los jardines de Mallorca y de Palma, y sobre los conventos de clausura de la isla) ha sugerido incluso un itinerario "turístico-cultural" que permite la "captura" fotográfica de los inofensivos dragones palmesanos. El curioso itinerario se inicia en la plaza de Cort. En el portal izquierdo de la fachada del Ayuntamiento se encuentra la reproducción de una humilde salamanquesa (en catalán, *dragó*) firma, se dice, de uno de los constructores del edificio.

En los portales de la iglesia de Santa Eulària los canteros esculpieron una hilera confusa de pequeños dragones de diverso tipo. En la iglesia de Sant Francesc aparece una relieve con la representación del dragón, que simboliza al diablo, sometido por Sant Jordi. En el Museo de Mallorca, el dragón aparece en la pintura de Francesc Comes (siglo XV) también sometido por el santo caballero. Ya se ha dicho que en el pequeño Museu Diocesà se conserva el cuerpo disecado del *Drac de na Coca*, que se aparecía desde las alcantarillas de la ciudad allá en el siglo XVIII. Otro Sant Jordi abate un espléndido y colorido *drac* alado en una sala de este museo.

Por fin, en la esquina de la calle del Palau, hay una pequeña escultura de otro *drac* y en otra pintura del Museo de la Catedral es una mujer, Santa Margarita, quien domina a la figura siempre amenazante del reptil, representante del mal en la tradición cristiana.

▲ Es Baluard.

⏱ C1
**Es Baluard. Museu d'Art Modern i Contemporani de Palma**
✉ Plaça Porta de Santa Catalina, 10.
☎ 971 908 200.
🖥 www.esbaluard.org
🕐 De martes a sábado de 10 h a 20 h; domingo de 10 h a 15 h. Lunes cerrado.
🎫 Entrada: 6 €.
Exposición temporal: 4 €.

nífica adaptación arquitectónica de los restos del Baluard de Sant Pere, baluarte de las murallas renacentistas de Palma, derruidas en su totalidad por razones de expansión urbanística a principios del siglo XX. La **Porta Vella del Moll** y la **Portella** son otras viejas puertas de estas murallas, la primera junto al Consolat de Mar, al pie de Es Baluard, y la segunda al pie de la catedral. Es Baluard ha permitido revitalizar una zona del centro de Palma, sobre el torrente de Sa Riera. Sus terrazas constituyen un mirador excepcional sobre la zona marítima y portuaria de la ciudad, y de fondo, la visión de la lonja y la catedral. Desde ellas también se contempla una entrañable panorámica de azoteas y tejados de la ciudad antigua con la silueta de los campanarios de las principales iglesias parroquiales. Es muy destacable el gran aljibe, depósito del agua de la guarnición del recinto amurallado, ahora convertido en sala de exposición para montajes y *performances*. El baluarte fue uno de los últimos cuarteles del ejército en la ciudad. En los patios, escaleras y pasadizos del exterior hay ahora una importante colección de escultura contemporánea. La pintura reúne en las salas interiores obras pertenecientes a instituciones del gobierno local y municipal, junto con aportaciones de un coleccionista privado. Sorolla, Miró, Saura, Oteiza y otros nombres están representados, además de figuras locales como Antoni Gelabert, Ricard Anckermann y, por supuesto, Miquel Barceló.

### ITINERARIO COMPLEMENTARIO

#### I CONSOLAT DEL MAR ✱

Situado en el paseo de Sagrera, es un edificio de transición del renacimiento al manierismo construido entre 1614 y 1669. Ubicado junto a la Lonja, presenta una planta irregular como resultado de las sucesivas ampliaciones. La fachada muestra la típica división en tres plantas. El elemento más interesante es una **galería** renacentista con bello artesonado y cinco arcos rebajados que ilumina el lado orientado al mar. Entre los arcos, que reposan sobre elegantes columnas, destacan las puertas de traza clásica. La planta baja desempeña la función de zócalo de la principal. Es sede del Govern Balear.

C2
**Consolat del Mar**
✉ Passeig Sagrera, 7.

#### I IGLESIA DE SANTA CREU (SANTA CRUZ) ✱

Su construcción data de finales del siglo xv y está documentada la existencia de un templo anterior, iniciado en 1335. El **retablo mayor,** barroco, se instala casi cuando las obras finalizan con fidelidad al proyecto gótico. El edificio es robusto, más ancho que largo, con capillas entre los contrafuertes y portales en las calles de Santa Creu y de Sant Llorenç. Bajo la iglesia se encuentra la **cripta de Sant Llorenç,** un ejemplo magnífico del gótico tardío religioso de Mallorca.

C2
**Iglesia de Santa Creu**
✉ Sant Llorenç, 4.
☎ 971 712 690.
⏰ Lunes, martes, jueves y viernes de 11 h a 12.30 h.
🎫 Entrada: 3 €.

B3
**Convento de ses Caputxines**

## Se abre la clausura: Ses Caputxines

El monasterio de la Purísima Concepción de las monjas capuchinas descalzas fue edificado entre 1668 y 1720. Una mujer audaz fue su fundadora: sor Clara Teresa María Gómez de Sanabria y Ponce de León (Granada, 1624-Ciutat de Mallorca, 1705). Culta y políglota, encontró en la clausura cauce a sus inquietudes y alivio para su ajetreada juventud. El convento es muy popular en el barrio de Sant Jaume de Palma. Hoy es una comunidad reducida. Tanto el convento como todo su contenido es Bien de Interés Cultural. Cada Navidad abre al público su Belén artesanal con figuras que datan del siglo xvii. La muestra navideña también incluye exposiciones de atavíos litúrgicos, pinturas, joyas que se han ido entregando como donativo a la comunidad, así como los trabajos manuales de las hermanas, especialistas en confección de flores de tela y papel y en el planchado de lencería y ropa delicada. La visita, siempre guiada, permite conocer algunos detalles de la vida en clausura y de su estructura interior: los *rentadors,* una antigua despensa con salera, la pica donde se salaban los huesos de los cerdos, alguna celda, el refectorio, la sala capitular (retratos de las abadesas), la cantina, el huerto y el pozo de 1719 que les suministraba agua potable siempre fresca. Venden también dulces.

⏱ C2
**Casal Solleric**
**Centre d'Art i Creació Palma**
**(CAC Palma)**
✉ Passeig des Born, 27.
☎ 971 722 092.
🖥 https://casalsolleric.palma.es
⏱ Consulta la web.

⏱ C2
**Iglesia de Sant Nicolau**
✉ Plaça Mercat, 3.

⏱ C3
**Can Casasayas y**
**Pensión Menorquina**

▼ Gran Hotel, emblema del modernismo mallorquín.

### CASAL SOLLERIC ✱

En la calle Sant Gaietà, junto al paseo del Born, encontramos el Casal Solleric. Pertenece al barroco de la segunda mitad del siglo XVIII. El maestro de obras de este edificio fue Gaspar Palmer.

Su construcción se realizó por iniciativa del primer marqués de Solleric; después pasó a pertenecer a la familia Morell y posteriormente al Ayuntamiento, que lo ha convertido en el **Centre d'Art i Creació Palma (CAC Palma)**. De planta irregular, tiene un patio rectangular con una **escalera** imperial de dos ramas que conducen a una lonja. En la **fachada** que da al Born hay un balcón con cinco arcos y una barandilla de hierro forjado, obra del escultor italiano A. Soldatti. El conjunto es una mezcla de la arquitectura tradicional mallorquina y de elementos decorativos tomados del barroco francés e italiano.

### IGLESIA DE SANT NICOLAU (SAN NICOLÁS) ✱

Este edificio era inicialmente una pequeña capilla que ya ha desaparecido. A partir del año 1302 adquirió la categoría de parroquia. El templo que se conserva en la actualidad tuvo una primera construcción en el año 1349 dentro, por lo tanto, de las pautas del gótico, pero el incremento de la nave obligó a una segunda construcción a finales del siglo XV. Tanto la **fachada** principal como los dos pórticos son de esta época. Los dos son ojivales, tanto el lateral como el principal. El tímpano enmarca la imagen de San Nicolás, obra del siglo XVII. La parte superior está definida por un rosetón y un frontón triangular posteriores al resto de la fachada. En el año 1681 fue preciso realizar una nueva reconstrucción, en estilo barroco, que afectó a la decoración interior, las bóvedas y el ábside. La planta es de una sola nave, con cinco capillas rectangulares a cada lado y está cubierta por una bóveda de medio cañón.

### CAN CASASAYAS Y PENSIÓN MENORQUINA

En la plaza de Santa Catalina Thomás encontramos estos dos edificios modernistas de idéntica composición, separados por la calle Santa Cilla. Las dos plantas bajas presentan una estructura de pilares que hace que parezcan casi de "planta libre" (número mínimo de subdivisiones internas entre los espacios diseñados para usos diferentes) mientras que los pisos superiores presentan un diseño ondulante que consigue crear un efecto de gran dinamismo. Aparte del hierro forjado de los balcones y de algún otro detalle, carecen de elementos decorativos.

## | EL GRAN HOTEL ✱

El Gran Hotel se encuentra en la plaza Weyler. Fue construido por el arquitecto Lluís Domènech i Montaner entre 1901 y 1903, siendo uno de los primeros hoteles de la isla y también una de las primeras muestra del modernismo en Mallorca.

El edificio tiene cinco pisos con gran iluminación natural, gracias a la utilización de columnas que reducen la importancia del muro. Entre los elementos decorativos destaca la gran variedad de arcos y capiteles, con ornamentación vegetal y animal, además de algunas llamativas representaciones escultóricas y cerámicas policromadas. El edificio está magníficamente restaurado y se ha convertido en el centro de actividades culturales y exposiciones **CaixaForum**.

No lejos, en la calle de la Concepció (travesía de Jaume III, 12) otra entidad financiera tiene también su fundación cultural, el **Centre de Cultura Sa Nostra**, con local para cursos y exposiciones en un edificio más sencillo y sobrio, pero más representativo, sin duda, de la construcción civil palmesana.

## | LA RAMBLA ✱

Su origen responde a la desviación del torrente de la Riera, que era necesaria para realizar el proyecto de construcción del quinto recinto fortificado. Tiene unos 300 m de longitud y es de traza rectangular. Actualmente es un paseo con una zona peatonal en el centro. Pasado el Teatre Principal encontramos una contundente pieza de Chillida y tras ella dos **esculturas** de inspiración romana en el extremo sur y una **fuente** decagonal en el extremo norte, tradicional lugar de cita en Palma. Los bancos de piedra y respaldo de hierro fueron diseñados por Gaspar Bennàssar a principios del siglo xx.

Al final de la Rambla o Vía Roma, con sus tenderetes de flores especialmente vistosos cuando permanecen abiertos durante la noche de *Todos los Santos,* de la *Inmaculada Concepción y del Corpus,* se encuentra un antiguo asilo, hoy **Centre Cultural la Misericòrdia,** que cuenta con el Archivo del Sonido y de la Imagen de Mallorca (ASIM), sala de exposiciones y claustro para actos culturales y/o gastronómicos. El jardín es un lugar agradable para un descanso en el itinerario.

En el entorno de la Rambla hay varios **conventos** de clausura, dos en la misma Rambla: **Santa Magdalena,** no visitable aunque sí lo es su iglesia, y el de **Ses Tereses,** y el ses **Caputxines** en el callejón de Can Pueyo.

⊙ C3
**Gran Hotel. CaixaForum**
✉ Pl. Weyler, 3.
☎ 971 178 512.
🌐 https://caixaforum.org/es/palma
⊙ De lunes a domingo y festivos, de 10 a 20 h.

⊙ B2
**Centre de Cultura Sa Nostra**
✉ Concepció, 12.
☎ 971 725 210.

⊙ C3
**La Rambla**

▼ La animada Rambla de Palma.

# Los barrios

Hasta que no se eliminaron las murallas, sus puertas dividían cada anochecer la ciudad de Palma. Dentro quedaban los barrios viejos (Sa Calatrava o barrio de los curtidores, Es Call o judería, Sa Gerrería, de los alfareros, etc.) donde se asentaban los antiguos gremios. Fuera, los nuevos. Alguno de estos con una fuerte personalidad como Santa Catalina, cuyos vecinos incluso hablan un catalán de tono particular. De tradición marinera, por su vecindad al puerto, sus construcciones son sencillas y acogedoras. El Puig de Sant Pere es un barrio también de pescadores, interesante por sus típicas callejuelas de trazado árabe, está dentro ya del recinto amurallado (del que quedan solo lienzos en la fachada que da al mar). En el Puig, los edificios muestran lo que fue el desarrollo urbanístico de la ciudad aprisionada entre muros, y no debemos olvidarnos de conocer otros barrios con solera que revisten también un interés especial: L'Eixample (ensanche) con algún que otro chalé de estilo racionalista, Els Hostalets (de urbanismo muy popular), Rafal Vell, La Vileta...

---

⊙ B3
**Basílica de Sant Miquel**
✉ Sant Miquel, 2.
☎ 971 715 455.

### ┃ BASÍLICA DE SANT MIQUEL (SAN MIGUEL)　　✱

La construcción del actual edificio, situado en el carrer de Sant Miquel, se inició en el año 1300. Fue una de las primeras parroquias fundadas después de la conquista, probablemente sobre el solar de una antigua mezquita.

El **pórtico** principal es de estilo gótico y fue construido por el escultor Pere de Sant Joan en el año 1391. En él destaca la escultura de *San Miguel* y *el demonio,* obra del artista Miguel Thomás, del siglo XVIII. Todo el edificio es de estilo gótico, pero en 1632 se sustituyó la cubierta de bóveda de crucería por otra de estilo barroco y bóveda de cañón. En la **fachada** destacan tres rosetones. El **campanario** fue construido en 1320. Situado a la derecha de la fachada, es de planta cuadrada y está compuesto por siete cuerpos separados por molduras; las ventanas son ojivales geminadas. La torre está rematada por una estructura de forma piramidal.

El templo de San Miguel mantiene una convivencia estilística entre el gótico y el barroco como consecuencia del plan inicial del siglo XIV y de la reconstrucción posterior del siglo XVII.

---

⊙ B3
**Plaça d'Espanya**

### ┃ PLAÇA D'ESPANYA　　✱

Obligado lugar de paso, la plaza de España rivaliza con la Plaza Mayor y la de Cort en su pugna por convertirse en el centro neurálgico de Palma. La estatua del **Rei Jaume I,** el real y a la vez mítico conquistador de la ciudad tomada a los árabes en

1229, se ve hoy rodeada de palmeras y de ficus, de bancos donde reposan turistas y *desenfeinats* (así son llamados en Mallorca quienes no tienen quehaceres urgentes), además de servir de paciente posadero de palomas urbanas. En la plaza hay cafeterías conocidas por todo el mundo palmesano y que sirven de lugar de cita, restaurantes sofisticados, entidades financieras y las estaciones del tren eléctrico, ya histórico, de Sóller y de los más modernos trenes que llevan a los pueblos del Pla y del Llevant: Inca, Binissalem, Sa Pobla, Manacor. En la adyacente calle de Eusebi Estada está la estación central de autobuses. En los edificios de la estación ferroviaria hay una oficina municipal de información turística. El tráfico es intenso y el trasiego de personas incesante.

A la plaza se llega por la calle de Sant Miquel y por la cuesta del carrer dels Oms, otra calle comercial muy visitada. Y por la avenida en dirección al mar se llega desde ella al centro comercial y a las tiendas de moda situadas entre las calles de Aragó y de la Porta de Sant Antoni, y también a la calle del Sindicat. El inmediato parc de Ses Estacions es el pulmón principal de la ciudad.

### | MUSEU FUNDACIÓN JUAN MARCH ✱

Otro descendiente del ya citado financiero creó su propia fundación y la abrió al público local y a los turistas: Joan March. No menos aficionado al coleccionismo artístico, ha reunido una muy coherente colección de pintura y escultura (Barceló, Picasso, Joan Miró, Antonio Saura, Juan Gris, Julio González y otros) en este caserón del siglo XVIII, muy retocado por otro de los arquitectos locales de prestigio en los primeros años del siglo XX: Guillem Reynés. La muestra permite seguir la evolución de la pintura

▲ Edificio de
Can Forteza Rey.

• • • • • • • • •

◷ C3
**Museu Fundación
Juan March**
✉ Sant Miquel, 11.
☎ 971 710 428.
🖳 www.march.es
◷ De lunes a viernes de 10 h a 18.30 h, sábado de 10.30 h a 14 h, domingo y festivos cerrado.

española a finales del siglo xx, además de renovar exposiciones temporales de muy alto nivel e interés. Situado en la calle de Sant Miquel, no lejos por tanto de la basílica de Sant Miquel, es una parada casi obligada en esta calle comercial muy frecuentada. Comercios modernos de marcas internacionales conviven con librerías de viejo, anticuarios, en esta y otras calles adyacentes.

## EDIFICIO EL ÁGUILA ✻

⏱ C3
**Edificio El Águila**

En la plaza del Marqués de Palmer encontramos el edificio El Águila, de estilo modernista, construido en 1908 por el arquitecto Gaspar Bennássar. El inmueble estaba destinado a ser un establecimiento comercial y en él, Bennássar, con una gran visión de lo funcional, consiguió el máximo aprovechamiento del espacio interior a la vez que la mayor iluminación posible, utilizando el hierro tanto en su estructura como en la decoración.

El edificio tiene grandes ventanales en sus cuatro pisos y en una de las fachadas lucen los balcones con barandillas de forja ondulante que presentan el dinamismo propio de este movimiento artístico.

## CAN FORTEZA REY ✻

⏱ C3
**Can Forteza Rey**

En la plaza Marqués de Palmer se encuentra Can Forteza-Rey, bloque de viviendas de cinco pisos, también de estilo modernista, construido en 1909 según un proyecto de Lluís Forteza-Rey. Orfebre de profesión, fue un gran admirador de esta corriente artística.

En la **fachada** se advierte una gran influencia de Antoni Gaudí. La ornamentación exterior se establece gracias a baldosas polícromas fragmentadas e irregularmente colocadas; así mismo hay representaciones en relieve de temas vegetales, florales y animales, entre los que destaca una coraza caballeresca fantástica flanqueada por dragones alados como decoración escultórica de sus miradores.

Un folleto editado por el Ayuntamiento nos permitirá seguir descubriendo obras modernistas dispersas por la ciudad.

## PALAU MARCH ✻

⏱ C2
**Palau March**
✉ Palau Reial, 18.
☎ 971 711 122.
🖥 www.fundacionbmarch.es
⏱ De lunes a viernes de 10 h a 17 h, sábado de 10 a 14 h, domingo y festivos cerrado.

Sede de la Fundació Bartomeu March, el Palau March fue la residencia de uno de los descendientes, ya fallecido, del conocido financiero y controvertido personaje histórico Joan March. Su diseño, de la segunda mitad del siglo xx, responde a una concepción regionalista, imitación de la tipología de los palacios de la ciudad. Situado al mismo pie del Palau de l'Almudaina y a pocos metros de la catedral (entre la calle del Palau Reial y la llamada Costa de la Seu, junto a S'Hort del Rei) guarda una excelente colección de escultura contemporánea reunida por Bartomeu March a lo largo de su vida (Chillida, Henry Moore, Rodin y otros), un extraordinario belén napolitano del siglo XVIII, de una realización realista y minuciosa de tipos populares, y unos imponentes murales pintados por Josep Maria Sert, por encargo del financiero.

Hay también una pequeña pero interesante colección de figuras de la Virgen, románicas y góticas, además de una inigualable recopilación de cartografía mallorquina. Desde su terraza, magnífica vista sobre la fachada marítima de la ciudad. Además el palacio es la sede de la más completa biblioteca especializada en temas baleares.

## I CAN CORBELLA ✱

Junto a la plaza de Cort se halla Can Corbella, un hermoso edificio de estilo entre neomúdejar y modernista, de fines del XIX. Se trata de un inmueble de viviendas de cinco pisos que hace esquina con la cuesta de Santo Domingo.

Su construcción se realizó según un proyecto de Nicolau Lliteres. Llama la atención su planta baja, destinada al comercio, por los arcos de herradura con vidrieras multicolores.

## I IGLESIA DE SANTA EULÀRIA ✱

Situada en la plaza del mismo nombre, tras el edificio del Ayuntamiento, se encuentra la iglesia de Santa Eulalia, uno de los templos más antiguos de la ciudad de Palma. Fue la primera parroquia de Mallorca después de la conquista catalana y la referencia documental de su existencia data del año 1230.

Es probable que se utilizara una mezquita musulmana a partir de la cual se construyó el nuevo templo cristiano, según el tradicional modelo gótico catalán.

En el **exterior** destaca la gradación de alturas producida por la estructura interna de sus tres naves. Las puertas laterales se abren en el muro a partir de arquivoltas ojivales sobre finas columnas. Los dos tímpanos están decorados con pinturas del siglo XVI; el oriental con el tema de la Anunciación y el occidental con el de la Epifanía.

En el **interior** observamos una planta de tres naves, igual que la catedral, modelo excepcional en la isla. Tiene un **presbiterio** poligonal con bóveda nervada y sin crucero. La cubierta es de bóveda de

⏱ C3
**Can Corbella**
✉ Plaça de Cort / Jaume II.

⏱ C3
**Iglesia de Santa Eulària**
✉ Plaça Santa Eulària, 2.
☎ 971 714 625.
🕐 Visita libre antes del oficio religioso.
🎫 Entrada: gratuita.

▼ El edificio Can Corbella es una construcción de estilo neomudéjar.

crucería sostenida por columnas octogonales. En ella se conserva una colección de tablas medievales entre las que destacan el *Retablo de los Catllar* y una *Dormición de la Virgen,* de principios del siglo XV, del llamado Maestro de Santa Eulalia.

En esta iglesia se sitúa una antigua leyenda que tiene como protagonista a Ramon Llull, hijo ilustre de Mallorca, quien perseguía montado en su caballo, a una hermosa dama de la que pretendía su amor. Ella entró en el templo de Santa Eulalia y hasta allí la siguió sin siquiera descender del caballo. La dama se desabrochó el vestido y le mostró un pecho enfermo de gangrena, ante lo cual Ramón Llull, impresionado, cae en meditación acerca de la apariencia engañosa de la belleza.

### I CAN VIVOT          *

○ C3
**Can Vivot**
✉ Can Savellà 4.
☎ 620 290 589.
🏠 https://canvivot.es

Esta casa señorial fue construida a principios del siglo XVIII en estilo barroco. La actual obra fue ampliada por el primer marqués de Vivot, quien con motivo de una reforma de su casa, añadió parte de las viviendas vecinas. La fachada, sobria y casi sin decoración, permite la entrada a un gran vestíbulo que da a dos patios interiores. El **patio** principal está delimitado por un conjunto de columnas corintias de tipo convexo sobre las que decansan arcos. Una gran escalera imperial conduce al visitante hasta la planta noble.

### I CONVENTO DE SANT FRANCESC     **

○ D3
**Convento de Sant Francesc**
✉ Plaça Sant Francesc, 7.
☎ 971 712 695.
🕐 De lunes a sábado de 9.30 h a 12.30 h y de 15.30 h a 18 h.

En 1281, durante el reinado de Jaime II, se puso la primera piedra del templo. En 1286 se celebró la primera misa en una de las capillas laterales. Unos cien años después se cubrió la única nave con bóveda de crucería.

Desde la plaça de Sant Francesc podemos contemplar la **fachada** barroca, reconstruida por Francisco Herrera en el siglo XVII, ya que un siglo antes un rayo la había destruido. El tímpano es una composición muy dinámica en el que la línea curva juega un papel preponderante. El rosetón es una obra original del vidriero Pere Comas. La iglesia es de una sola nave con ocho **capillas** adosadas a los muros laterales; esta estructura mantiene el espíritu de austeridad de la orden franciscana y al mismo tiempo permite disponer de un gran espacio que antaño se utilizaba para la predicación. El ábside es poligonal con capillas laterales de planta variada: dos rectangulares (las más antiguas), dos trapezoidales y tres hexagonales, añadidas entre 1445 y 1670.

La cubierta, que primitivamente era de madera, está compuesta por bóvedas de crucería. Cuando se realizó la reforma, bajo el impulso del obispo de Mallorca y el religioso franciscano Pere Cima, se levantaron los muros y las ventanas altas fueron ampliadas. En las capillas hay retablos renacentistas y barrocos, y también el **sepulcro** que alberga los restos **de Ramon Llull**. El sarcófago tiene en la cara externa una estatua yacente del insigne personaje; en el zócalo que forma la parte inferior del monumento aparecen siete hornacinas vacías de traza gótica, que en su momento debieron de albergar las alegorías de las artes liberales. El **retablo** del altar mayor está realizado en el estilo barroco de la escuela de Herrera.

Siguiendo las normas tradicionales de la arquitectura monástica medieval el **claustro** es la pieza principal del convento. Construido junto a la iglesia, entre los siglos xiv y xvii, era el centro de la vida de la comunidad. Sus arquerías lobuladas están sostenidas por finas columnas y rematadas por un cuerpo superior de sencillos pilares de planta octogonal. La galería norte es la más antigua; en ella se alternan esbeltas columnas con otras más robustas, que se corresponden con dos series de capiteles de los que arrancan arcos trilobulados de dibujo uniforme. Las **galerías** occidental y oriental son idénticas, las columnas son de sección cuadrilobulada y están coronadas por capiteles. Por otra parte en la **galería** inferior destaca el artesonado, de resonancias moriscas.

▲ Patio de Can Vivot.

### I IGLESIA DEL SOCORS (SOCORRO) ✳

Esta iglesia data del siglo xvii y está situada en la calle homónima. El arquitecto Francisco Herrera fue el encargado de trazar su campanario y diseñó, en el interior, una hermosa capilla barroca.

🎧 D3
Iglesia del Socors

### I IGLESIA DEL TEMPLE ✳

El Temple es la antigua almudaina de Gumara que constituía un recinto fortificado, integrado en la *Medina Mayurqa*. Hoy se halla muy modificada, lo cual dificulta su datación, aunque es probable que se iniciara en los primeros tiempos de la dominación musulmana.

🎧 D3
Iglesia del Temple

Del antiguo recinto solamente se conservan dos torres cuadradas, rehabilitadas. Después de la reconquista cristiana la fortificación musulmana pasó a ser propiedad de la orden del Temple. La **capilla** es de estilo románico tardío de transición al gótico. Son visibles los elementos románicos en el atrio, en

la puerta principal y las capillas laterales; del gótico inicial se encuentran muestras en la bóveda de
crucería y el presbiterio.

### CONVENTO DE SANT JERONI (SAN JERÓNIMO) ✱

El convento fue ocupado por una comunidad de
religiosas franciscanas y desde 1485, por otra, de
la regla de San Jerónimo. Se construyó de acuerdo
con las características del gótico, entre 1330 y 1336,
aunque la sala capitular es del 1585. El núcleo original se amplió posteriormente con la incorporación
de casas de particulares al recinto conventual. El
edificio es de planta en forma de "L" y está dispues-
ta en tres pisos alrededor del huerto adosado a la
iglesia, el llamado huerto de San Jerónimo, cerrado
por un muro, que formaba parte de la antigua fortificación musulmana, de los siglos XI y XII.

### BARRI JEUU (BARRIO JUDÍO) ✱

A partir de los siglos XIII y XIV, la ubicación del barrio judío se extiende por las calles Montision, Seminario y alrededores. El barrio donde los judíos
vivían y trabajaban se llamaba *Call*. Formaban una
comunidad propia diferenciada del resto de la ciudad. En la época musulmana, el Call se encontraba
junto a la Almudaina, en la actual calle Palau Reial.
Después de la conquista catalana se trasladó a la
zona situada entre el Temple y Sa Calatrava. En un
principio había dos sinagogas: la primera, donde hoy
se halla la iglesia de Montision, y la segunda en el
edificio del Seminario Viejo que además, en la parte
trasera, albergaba las escuelas hebraicas. El antiguo
cementerio judío estaba ubicado en el Baluard des
Príncep (Baluarte del Príncipe).

### IGLESIA DE MONTISION ✱

La Compañía de Jesús que llegó a Mallorca en 1561,
ocupó el lugar de la antigua sinagoga judía y en 1571
se iniciaron las obras. La **portada** de estilo barroco
anuncia la riqueza contenida en el interior. El pórtico
tiene un complejo sistema de ramas que alternan
pilastras y columnas salomónicas decoradas con
motivos florales; el tímpano enmarca el escudo de
San Ignacio, a cuyos lados, hay estatuas de San
Francisco Javier y San Ignacio, santos fundadores
de la Compañía. En la entrada hay una escultura
de la Inmaculada Concepción y en la parte superior
destaca un rosetón con molduras lisas.

El interior está formado por una sola nave, cubierta por una bóveda de cañón, a la que se añaden seis
**capillas** rectangulares a cada lado y entre las que

---

● D3
**Convento de Sant Jeroni**
✉ Plaça Almoina, s/n.

● D3
**Barri Jeuu**

● D3
**Iglesia de Montision**
✉ Montision, 22.

● D3
**Portella-murallas**

▶ Es *Call* de Palma es un
excelente ejemplo de
judería medieval

# *Els xuetes,* los judíos de Mallorca

Las comunidades judías de Mallorca han tenido gran importancia en el desarrollo histórico del carácter de su población. Perduran aún en los modos de vida insulares tradiciones judías cristianizadas (incluso en ámbitos tan domésticos como la misma gastronomía popular, *panellets, panades, crespells*); se recuerdan, con categoría de mito, marginaciones sufridas por ciudadanos en épocas muy recientes por su supuesto origen judío (*xuetes, chuetas*), obligados por lo demás a permanecer recluidos en su barrio (Es Call de Palma, con sus joyerías como comercio y artesanía característicos). Y aunque en la sociedad mallorquina la marginación no es más que un recuerdo, es cierto que fueron proverbiales hace siglos como en tantos otros lugares de España, las persecuciones, los juicios, las hogueras: el *fogo dels jueus* estaba situado no muy lejos de lo que hoy es el Born, un apacible paseo y lugar de cita obligada.

merece la pena citar la dedicada al Santísimo, con una cúpula de hermosa decoración, bajo la que se encuentra el altar. Los **retablos** del altar mayor y el de la **capilla de Santa Ana** constituyen dos buenos ejemplos del arte barroco, aunque no pueden competir con el retablo de *La Virgen y el Niño* realizado por el Maestro de Montision, una de las mejores piezas de la pintura mallorquina. Es una iglesia de transición hacia el barroco pero aún con elementos de ornamentación renacentista y manierista, con abundantes muestras de la iconografía de la contrarreforma, de exaltación mariana.

### I PORTELLA-MURALLAS ✳

La Portella, en la calle del mismo nombre, formaba parte de la muralla musulmana y era conocida con el nombre de *Eualbelet.* De la muralla árabe quedan solamente fragmentos, por ejemplo la **porta del Camp,** en la plaza del mismo nombre, junto a las avenidas. La calle de la Portella, sin embargo, reúne alguno de los ejemplos más notables de la arquitectura civil palmesana: **Ca la Gran Cristiana** (en el número 5), sede del Museu Mallorca **(ver pág. 43),** cuya planta es de forma muy irregular, pentagonal, con balcones en sus fachadas y arcos rebajados en su patio de entrada; **Can Espanya-Serra** (número 8), edificio neogótico con un ángel custodio que soporta un reloj de sol con un mensaje: *Ultima multis* (la última hora para muchos) en una de sus esquinas; **Cal Comte de Espanya,** con un claro ejemplo de portal barroco con el adorno de una cadena de hie-

# El Museu Diocesá y el *Drac*

Visita imprescindible para el viajero curioso es la del Museu Diocesà, que se encuentra junto al *Bisbat* (Obispado). El museo cuenta con una importante colección de obras artísticas religiosas que abarcan desde el arte paleocristiano hasta el siglo xx. La exposición permanente se compone de 200 obras procedentes de conventos, monasterios e iglesias que ofrecen un recorrido histórico por el cristianismo en Mallorca. Se muestras piezas de arqueología, pintura y escultura gótica y moderna, cerámica, mobiliario, así como un espacio dedicado a Antonio Gaudí y Pere Joan Campins En una vitrina se puede contemplar el resto apolillado de un cocodrilo que los mallorquines llaman *el drac de na Coca*. Entérese por los amables mantenedores del museo de las atroces rapiñas que cometió este monstruo por las calles de la ciudad de Palma, de cómo fue vencido y capturado por un caballero enamorado, e infórmese sobre su gran significación folclórica... En otra de las salas se encuentra un magnífico retablo titulado *Sant Jordi i el drac*, del pintor Pere Niçard (siglo xv), con una supuesta representación de la Palma antigua, ello justifica por sí solo la existencia de tan curiosa guardería de objetos.

rro; **Ca la Torre** (número 14), sede del colegio de arquitectos; y **Can Formiguera** (número 11), con su magnífico balcón corrido en ángulo.

**· · · · · · · · ·**
Ⓓ D2
**Palau Episcopal.**
**Museu Diocesà**
✉ Mirador, 5.
☎ 971 723 860.
🌐 www.bisbatdemallorca.org
🕐 De lunes a sábado de 10 h a
14 h.

**❚ PALAU EPISCOPAL**                                           ✱

En la parte del Mirador, cerca de la catedral, se iniciaron las obras del palacio cuando se estableció la sede episcopal en 1238. Es un edificio de planta rectangular que se alza en torno a un patio prácticamente cuadrado, cuya entrada es una puerta manierista que da acceso a un pórtico gótico de arcos rebajados. La **fachada** que se encuentra sobre la muralla y mirando al mar es la parte más antigua y tiene galerías porticadas.

El **oratorio de Sant Pau** es un pequeño edificio gótico de principios del siglo xv, resto de la primitiva obra sobre la que se construyó el palacio actual, tiene una sola nave con cubierta de madera. El pórtico exterior es ojival. El conjunto, como se puede deducir fácilmente, presenta una gran variedad estilística.

Merece la pena conocer el **Museu Diocesà**, situado junto al palacio, ya que cuenta con una buena colección de objetos medievales de carácter religioso, entre ellos retablos del siglo xiv como el de *La coronación de la Virgen,* obra del pintor mallorquín Joan Daurer, o *La Pasión,* realizado, posiblemente, por algún pintor de la escuela sienesa a principios del siglo xiv.

### ‖ PALMA ROMANA
### (SUBSUELO DEL MUSEO CATEDRALICIO) *

La época romana abarca, en Mallorca, del año 123 a. C. al siglo V d. C. La Palma romana se extendió –a partir del primer recinto fortificado ocupado por la actual Almudaina– hacia el este, hasta llegar a la actual calle del Conquistador. Hoy se encuentra enterrada a unos 3 m de profundidad. Al realizar unas excavaciones junto a la catedral se descubrieron restos arquitectónicos romanos, entre los que destacan fundamentalmente, algunos pedestales de estatuas.

### ‖ ARC DE LA ALMUDAINA **

Pertenece a la época tardorromana (siglo V), aunque ha sufrido varias modificaciones a lo largo del tiempo. Se encuentra en la calle de la Almudaina y su nombre proviene del núcleo urbano árabe al que se accedía a través de este arco, siendo una puerta del segundo recinto de murallas. En la época musulmana fue reutilizado como uno de los accesos a la zona residencial; su estructura no responde plenamente ni a una construcción musulmana ni a una edificación propiamente romana. Es probable que se trate de una reconstrucción de la puerta

• • • • • • • • •

C3
**Palma romana**
**(subsuelo del museo catedralicio)**
✉ Plaça de la Almoina, s/n.

• • • • • • • • •

C3
**Arc de la Almudaina**

▼ Plaça Major.

# La música en Mallorca

La *Fundació per a la música a les Illes Balears* organiza semanalmente (octubre a mayo) conciertos con primeras figuras internacionales junto a la orquesta sinfónica local (en el Auditorium). En el Teatre Principal de Palma no faltan la zarzuela (diciembre) e incluso la ópera (otoño y primavera). La *Setmana de l'Orgue* en Palma (fechas variables), el *Festival de Pollença* (julio y agosto), la *Semana de Santa Cecília* con conciertos en iglesias de Palma, el *Festival Chopin,* de piano, en La *Cartoixa* de Valldemossa (agosto) y las *Serenates d'Estiu* (julio y agosto), son manifestaciones culturales de merecido prestigio internacional. En cuanto a la música popular cabe citar los escasos conciertos en vivo de la figura mallorquina de la canción, Maria del Mar Bonet; las noches de *Cançons de la Mediterrània* en el Parc de la Mar de Palma (julio); las verbenas populares (fiestas patronales de mayo a septiembre: en Montuïri, Felanitx, Porreres, Llucmajor...); el *Festival Pop Rock* de la capital (diciembre)... Y también las propuestas *revival* de sabor tradicional muy auténtico de *Sis Sóm,* de *Coa Negra,* de *Aliorna,* sin olvidar las grabaciones (muy raras) de los tradicionales *glosats.* Todo el sabor del Mediterráneo se concentra en estas voces ásperas de campesinos, de hombres de mar... Si hace décadas el nombre mallorquín destacado en verbenas y salas de fiestas de toda España era el de Bonet de San Pedro con sus canciones popularísimas *Mirando al mar* o *Rascayú,* y luego fue Lorenzo Santamaría, ahora el nombre más cotizado es el de Antònia Font, un conjunto que ofrece música amable y letras certeras y emotivas. Sexy Sadie y La Granja suenan con calidad desde hace años.

· · · · · · · ·

🕐 D3
**Museu Can Alcover**
✉ Sant Alonso, 24.
☎ 971 723 299.
🌐 www.ocb.cat

original que fue realizada durante el siglo v. El paseo por este barrio viejo nos irá mostrando múltiples posibilidades. **Can Alcover** es la casa museo del poeta Joan Alcover (1854-1926).

### ❙ LOS ANTIGUOS PALACIOS SEÑORIALES   ✱

"El barrio es venerable –ha escrito Llorenç Villalonga, del barrio de la catedral– noble y silencioso, con calles estrechas y amplias, que parecen deshabitadas. Entre los aleros de los palacios, el cielo hace vibrar su azul luminoso como un lanzazo. La hierba crece entre las juntas de las piedras, anchas como losas. Rompen el silencio, de tarde en tarde, rumores de campanas".

Surgen de los antiguos palacios los silencios: de las viejas paredes, de las columnas, de los capiteles, del brocal de la cisterna, de las balaustradas, del empedrado, de los arcos y las escaleras. Estos suntuosos palacios fueron edificados durante los últimos tiempos de la dinastía de los Austrias y en el siglo XVIII, ya instaurada la casa de Borbón. Son

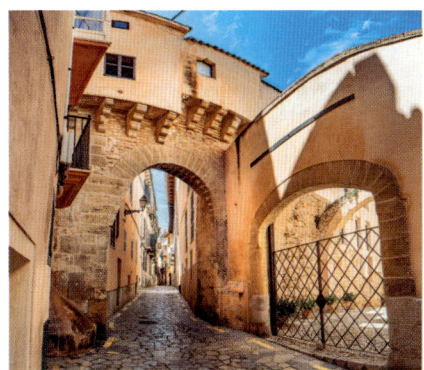

bellas construcciones de piedra marcadas por el espíritu de los edificios renacentistas y platerescos.

En los barrios antiguos de la ciudad –el barrio de la catedral, el de Santa Eulalia, el del Born y el de San Nicolás– podemos percibir todavía el misterioso secreto de los viejos palacios, la lenta respiración de las piedras, la enigmática presencia de las sombras. Los viejos palacios señoriales de Ca la Gran Cristiana, los de Can Formiguera y Ca la Torre, ya citados, en la calle de Sa Portella; de Can Olesa, en la calle Morey; de Can Oleo, en la calle Almudaina; el palacio de los Marqueses de Vivot, en la calle Zavellá; Can Verí, en la calle d'en Verí; y en la ciudad baja destacan los de la calle de Ses Carasses (hoy Sant Feliu), la calle de Montenegro o la calle de Sant Jaume, con los edificios de Can San Simón (número 7), Can Torrella (número 17) del que solo se conserva la fachada, Can Cotoner (número 6), Can Ferrandell (número 3) y otros.

### LAS CALLES COMERCIALES

**Jaume III, Jovellanos, Paraires, Sindicat, Jaume II,** carrer **Colom,** la **Plaça Major,** el **carrer de Sant Miquel, Unió,** la **Costa de Sa Pols,** el **carrer d'en Brossa,** con su larga escalinata, el passeig de la artesanía en el barrio viejo de **Sa Gerreria,** donde se concentraban los antiguos alfares de la ciudad vieja, son calles para ir de compras. Los más prestigiosos comercios se encuentran en ellas. En todas, además, se encuentran detalles de la historia local. Nótese, por ejemplo, la figura de una cabeza de turco en la esquina de la calle Jovellanos con el paseo des Born y la plaza de Joan Carles I. O la roca donde la tradición quiere que se sentara la santa payesa valldemossina, Catalina Thomàs (siglo XVII),

adosada a modo de escultura en el muro trasero de la **iglesia de Sant Nicolau,** en la plaza del Mercat.

Es la zona de Es Born la que ha adquirido últimamente un gan valor urbano gracias a la restauración de antiguos caserones como **Can Alomar** (lujoso hotel y restaurante) o **Can Puig,** adoptadas por franquicias del diseño y la moda como lugares de venta, así como a la apertura de pequeñas tiendas o modestos restaurantes de gran calidad. Es la actual "milla de oro" de Palma.

### ▌EL PORT (PUERTO)                                    ✳

C-D1-2
**Port**

El puerto estaba antiguamente situado dentro de la zona que hoy ocupa el paseo del Born y el ensanche de la plaza del mercado viejo, detrás de la parroquia de San Nicolás. El mar se adentraba en la tierra y formaba una pequeña cala. A ambos lados de la entrada se levantaba una fortificación de vigilancia en el palacio de la Almudaina y otra sobre el puig de Sant Pere. Durante la dominación árabe muchas tierras fueron limpiadas de monte bajo y preparadas para el cultivo. Con estos trabajos los torrentes se cargaron de barro y hierbas que arrastraron hacia el mar y es probable que aquel puerto pequeño se anegara de lodo, ya que allí mismo desembocaba el torrente de la Riera. Todavía hoy, cerca de la calle dels Paraires, hay una callejuela llamada del Port Fangós (Puerto Enfangado), que es quizás un recuerdo de aquel antiguo embarcadero.

Los reyes musulmanes tuvieron una flota corsaria que, dos veces al año, atacaba las costas cristianas

de la península. Llegaron a poseer más de un centenar de naves y por ello necesitaron disponer de un puerto ancho y espacioso para que sus barcos pudiesen resguardarse de las tormentas. Se sabe con certeza que en los últimos siglos del dominio árabe, el puerto estaba situado entre el actual S'Hort del Rei y la plaza de la Lonja, ocupados por el mar en aquellos tiempos. En el siglo XIII, después de la conquista catalana, se acomete la construcción de edificios para albergar los servicios del puerto. En la repartición de la isla, el puerto de Porto-Pi correspondió al rey Jaime I, quien lo cedió a la ciudad. En el año 1325 se creó el Consulado del Mar, tribunal que juzgaba todo lo referente al comercio marítimo y que ejercía funciones de arbitraje en los problemas que surgían entre marineros y patrones.

El actual *moll vell* (muelle viejo) fue construido a finales del siglo XIV, ya que la isla había entrado en una etapa de importante expansión comercial y se hacía necesario ampliar la capacidad de la dársena porque el de Porto Pi resultaba insuficiente. Este muelle, con algunas pequeñas modificaciones, perduró hasta el siglo XIX. Estaba formado por una escollera que salía desde la desembocadura del torrente y acababa en el Baluard des Príncep de l'Avençada, lugar donde se habían instalado las oficinas del puerto, la Junta de Sanidad, los almacenes y un oratorio donde se rendía culto a Santa Bárbara.

La actividad mercantil era intensa. Numerosos comerciantes llegaban a Palma a bordo de galeras venecianas, genovesas y florentinas, aunque

▼ Puerto y bahía de Palma.

► Castell de Bellver.

principalmente eran naves catalanas. En el puerto se distribuían los productos llegados de oriente a través de África (azúcar, algodón, metales, cera, pieles y oro en polvo). La isla se convirtió también, durante los siglos XIV, XV y XVI, en uno de los más importantes mercados de esclavos de la cuenca mediterránea. Además Mallorca exportaba sus propios productos (higos, miel, vino, aceite, etc.). En las atarazanas, los maestros carpinteros de buques trabajaban en la construcción de embarcaciones o arreglaban las naves dañadas. Durante todo el siglo XIX se planificó la ampliación del puerto. Algunos de esos proyectos se ejecutaron en 1833 con el fin de permitir la llegada a la ciudad de los grandes barcos de vapor que hacían la travesía Palma-Barcelona y viceversa, en general, con la intención de adaptarse al incremento del tráfico comercial con las colonias de ultramar.

En el año 1872 fue creada la Junta de Obras del Puerto, que todavía lo administra en la actualidad. Posteriormente han sido realizadas nuevas reformas y se ha levantado, en el muelle de Sant Pere, la Lonja de los pescadores y el Club Náutico. También se han construido nuevos muelles en Porto Pi que han cambiado completamente el aspecto de la bahía.

Hoy en día, un largo paseo para peatones, corredores y ciclistas une Porto Pi con Can Pastilla.

### | CASTELL DE BELLVER ★★

Cuando se llega al puerto de Palma por mar puede observarse, si dirigimos la vista hacia poniente, el perfil del castillo de Bellver, que emerge entre un bosque de pinos. A principios del siglo XIV el rey Jaime II ordenó su construcción al maestro Pere Salvà. El citado maestro prescindió de la línea recta en el dibujo de su traza, constituyendo un ejemplar único de la arquitectura militar de estilo gótico civil.

Su planta circular es inusual y el castillo entero, pese a su evidente utilidad defensiva, parece un lugar de veraneo para reyes humanistas. El exterior es de aspecto macizo con algunas ventanas góticas. Al cuerpo central se adosan tres torreones y una esbelta **torre** del homenaje, unida al resto por un elevado pasadizo; todo el conjunto subraya la disposición radial del edificio. En el **interior** encontramos un patio con una galería de arcos de medio punto a la que se superpone otra de arcos apuntados. A la galería circular se abren las dependencias del castillo, de las que solo la capilla y la cocina han tenido desde el principio el mismo destino; no ocurre lo mismo con el resto, cuyas funciones han variado a lo largo del tiempo. Desde la plataforma superior se ve un panorama espléndido de la ciudad y el mar; desde allí se accede a la torre del homenaje a través de un puente.

⏱ f.p.
**Castell de Bellver**
**(Museu d'Història de la Ciutat)**
✉ Camilo José Cela, s/n.
☎ 971 735 065.
🖥 http://castelldebellver.
palma.es
🕐 De octubre a marzo, de
martes a sábado de 10 h
a 18 h; domingo y festivos
de 10 h a 15 h. De abril
a septiembre, de martes
a sábado de 10 h a 19 h;
domingo y festivos de 10 h
a 15 h.
💶 Entrada, 4 €.

▲ ▶S'Escorxador y Palau de Congressos.

• • • • • • • •

**S'Escorxador**
✉ Emperadriu Eugènia, s/n.

• • • • • • • •

**Castell Museu Sant Carles**
✉ Dic de l' Oest, s/n.
☎ 971 402 145.
📶 www.castillo
  museosancarlos.com
◷ Consultal la web.

El castillo está rodeado por un parque forestal, auténtico pulmón verde de Palma, muy frecuentado por los ciudadanos. El castillo es sede del **Museu d'Història de la Ciutat** y cuenta con un Aula de Estudios Urbanos.

### ▍S'ESCORXADOR ✳

Es, con la plaza de toros (esta situada en la calle Arquitecte Bennassar), tal vez el mejor exponente de la arquitectura funcional de Palma específicamente destinada a un cometido concreto. El matadero municipal de Palma (en la calle Emperadriu Eugénia), S'Escorxador en la lengua local, es un edificio de grandes salas y alturas con armazón de acero y techos de teja rojiza, diseñado por uno de los más eminentes arquitectos de la isla: Gaspar Bennassar. Restaurado y dedicado ahora a usos sociales (centro de salud, dependencias de gestión municipal, centro cultural y asociación de vecinos) y comerciales (sala de cine, supermercado), S'Escorxador es una referencia de animación familiar en el ensanche palmesano, y en verano el patio interior rodeado de restaurantes y bares es muy frecuentado por un público vecinal de todas las edades, que disfruta de un agradable lugar al aire libre para resistir la canícula nocturna.

### ▍CASTELL MUSEU SANT CARLES ✳

Las salas de lo que fuera la lejana fortaleza de Sant Carles, siglo XVIII, muestran ejemplos de la historia militar y del armamento propio de aquellos tiempos y también de tiempos más recientes. La defensa de **Porto Pi** fue fundamental para la superviencia de la ciudad. Entre la torre de señales y la desgastada atalaya medieval que aún puede verse casi humillada bajo un feo edificio de apartamentos, se disponía una pesada cadena para cerrar, de noche, el paso a las naves. Hoy, el fuerte de Sant Carles está unido

# El Territorio Miró

En Cala Major, una antigua zona residencial de Palma, producto del desarrollismo de los años setenta, se encuentra Miró Mallorca Fundació. Del esplendor residencial de la primera mitad del siglo se conservan el palacio de Marivent (1924) actual residencia de la Familia Real Española, el edificio modernista del que fue Hotel Príncipe Alfonso (reformado en 1928) y el caserón regionalista de Can Vidal (1949). Joan Miró y su esposa Pilar Juncosa se instalaron en la zona el año 1955, en la finca de Son'Abrines, en un amplio paisaje abierto a la bahía. Junto a la vivienda familiar, Miró hizo construir un taller funcional y vanguardista según proyecto de su amigo, el arquitecto Josep Lluís Sert. En 1959 él adquiere la finca de Son Boter, casa enclavada en el punto más alto lo cual le otorga unas magníficas vistas. En su interior, hoy en día, se conservan espectaculares graffitis realizados por el maestro. En 1981 la Fundació queda instituida; el pintor y su esposa cedieron al Ayuntamiento de Palma los talleres del artista junto con un buen número de obras. En 1989 se encargó al arquitecto Rafael Moneo la construcción de un gran edificio que albergue la sede de la fundación y es aquí donde se ubica el Espacio Estrella, donde se expone permanentemente obra del pintor, compartida ocasionalmente con la de otros artistas vinculados a él.

a Palma por el amplio y bullicioso paseo marítimo donde atracan espectaculares yates, potentes lanchas y envidiables veleros. A Porto Pi llegan grandes cruceros y barcos de pasaje. La visita a este **museo** y a su recinto almenado permite tener una visión diferente de Palma y de su espléndida bahía, que acoge numerosas competiciones de vela cada verano. En el paseo marítimo están ya restauradas y dedicadas a albergue juvenil, las dependencias del antiguo *Llatzeret*, lazareto, donde los marinos sospechosos de estar enfermos de alguna epidemia pasaban la cuarentena antes de poder atravesar las murallas de Palma.

El moderno **Auditorium** también se asoma al paseo, entre bellos ejemplos de edificios hoteleros de estampa clásica. Can Barbarà es otra calita que hoy sirve de club náutico para pequeños *llaüts*.

Por último, un largo paseo junto al mar para peatones, corredores y ciclistas nos lleva de Porto Pi a Can Pastilla, pasando por el Passeig Marítim, el Parc de la Mar, el edificio acristalado de Gesa, la antigua compañía de suministro de gas y electricidad, el parque ajardinado frente al mar dedicado a Albert Camus, el **Palau de Congressos,** Es Portixol, el Coll d'en Rabassa, en suma, una buena parte de la preciosa bahía palmesana que no debemos dejar de visitar.

•••••••

**Fundació Pilar i Joan Miró**
- Saridakis, 29.
- 971 701 420.
- https://miromallorca.com
- Invierno: de martes a sábado de 10 h a 18 h, domingo y festivos de 10 h a 15 h. Verano: de martes a sábado de 10 a 19 h, domingo y festivos de 10 h a 15 h. Lunes cerrado.

•••••••

**Palau de Congressos**
- Carrer de Felicià Fuster, 2.
- 971 626 910/ 971 626 922.
- www.palmacongresscenter.com

# Excursiones
## por **Mallorca**

# La **isla** de **Mallorca**

El archipiélago balear está formado por cinco islas y más de doscientos islotes. Mallorca es la más extensa de ellas. Bañada por el Mediterráneo, posee infinidad de playas de doradas arenas y agua trasparente, numerosas ensenadas y pequeños puertos. El interior de la isla conserva con gran pureza un carácter rural que encierra la imagen secular y tradicional de la isla. La gente es hospitalaria y el mallorquín aunque tímido, introvertido, es cortés; no dude el visitante que será bien acogido en todas partes donde vaya. Mallorca ofrece al viajero infinidad de posibilidades, ya que el paisaje insular es variado y tiene desde zonas montañosas con acantilados hasta costas bajas y arenosas. De Pollença a Andratx se alarga la Serra de Tramuntana que vigila el Puig Major. Por otra parte, el centro y levante de la isla es una zona llana.

La costa ofrece bellas bahías como la de Alcúdia, Pollença o la de Palma. Además el litoral tiene más de un centenar de playas, tanto en sus zonas bajas de fina arena (Palma, Formentor, Cala Millor, Es Trenc, Cala d´Or, Alcúdia, Muro) como en su costa brava (Deià, Sa Calobra, Tuent).

Para conocer la isla nada mejor que realizar excursiones por la costa y por el interior; el clima nunca supondrá ningún problema, es templado y escasean las lluvias aunque se dan importantes diferencias climáticas entre las distintas zonas (en Serra de Tramuntana suele llover con relativa frecuencia), pero en general los inviernos no son muy fríos y el otoño y la primavera son suaves.

Para gozar de las playas los mejores meses son los de verano e incluso octubre. Durante el invierno, de finales de enero a finales de febrero, visitar el interior de la isla es una actividad muy interesante para conocer lo menos tópico de esta.

También puede admirar el visitante el patrimonio histórico y monumental, con vestigios arqueológicos y muestras artísticas diseminadas por todo el territorio insular.

Asimismo aquí es posible practicar los más diversos deportes y participar de las actividades culturales que se realicen en la isla... y divertirse.

*MALLORCA*

P. Beca
Mirador
des Colomer
Cap de Formentor
Ariant
Ternelles
Cala Sant
Vicenç
Badia de Pollença
Pollença
Port de
Pollença
Cap des Pinar
Ma 10
21
6
10
Cap de Menorca
Ciutadella
(Menorca)
Santuari
de Lluc
Alcúdia
Pollentia
Tolón
(Francia)
Serra de Tramuntana
12
11
Port
d'Alcúdia
23
40
10
Badia d'Alcúdia
Campanet
Sa Pobla
P. Natural
de S'Albufera
Cap Ferrutx
Selva
Búger
9
Son Real
Colonia de
S. Pere
Betlem
P. Natural Península
del Llevant
el Faralló d'Albarca
C. des Freu
24
14
44
E. de Betlem
Inca
Muro
9
5
Son Serra
Artà
Ma 15
Cala Ratjada
Capdepera
P. de Capdepera
salem
lles
14
Llubí
14
11
Sta. Margalida
11
4 Ma 12
8
3
Coves d'Artà
M². de la Salud
15
11
Costitx
Sineu
Ariany
Son
Servera
Canyamel
Platges de Canyamel
ugènia
Ma 3011
Lloret
10
4
S. Llorenç des
Cardassar
3
Costa des Pins
Piña
S. Joan
Petra
30
Cala Millor
Montuïri
Ma 15
10
7
P. de Amer
9 50
38
Manacor
11
Sant. de Bonany
Vilafranca
de Bonany
13
Son
Carrió
Coves dels Hams
Porto Cristo
Nª Sª de Cura
13
Ma 14
Coves del Drac
14
12
Porreres
13
30
S'Estany d'en Mas
Sant. de
Monti-sión
10
Felanitx
Sant
Salvador
17
Es Domingos
icmajor
14
Cala Murada
50
Cas Concos
16
6
4
Sa Punta
Campos
del Port
13
Santueri
Portocolom
12
Ma 14
Calonge
7
Es Palmer
Ma 19
Alqueria
Blanca
Cala d'Or
Sa
Ràpita
8
5
Santanyí
10
Porto Petro
nyol
igjorn
Ses
Covetes
7
5
P. Natural de Mondragó
Ses
Salines
Cala Figuera
Colonia de
Sant Jordi
9
Cala
Santanyí
9
a Ràpita
Cap de ses Salines
Freu de Cabrera
Illot Pla
Na Foradada
Na Pobra
Illa dels Conills o Conillera
ebeig
Na Rodona
Cap Ventós
ola
Cap des Falcó
**Parque Nacional
Marítimo-Terrestre
del Archipiélago
de Cabrera**

| | |
|---|---|
| ▬▬▬ | Autovía |
| ▬▬▬ | Carretera nacional |
| ▬▬▬ | Carreteras autonómicas de 1 y 2º orden |
| ▬▬▬ | Otras carreteras |

# De Valldemossa al Port de Sóller

A unos 18 km de Palma, Valldemossa ocupa una privilegiada situación en un valle de la Serra de Tramuntana, lugar al que se puede llegar desde el sureste por el Coll de Valldemossa, que tiene una altura de poco más de cuatrocientos metros.

**Oficina de Turismo de Valldemossa**
✉ Avda. de Palma, 7.
☎ 971 612 019.
🖥 www.ajvalldemossa.net

**Palau del Rei Sanç**
✉ Pza. Cartoixa, s/n.

**Cartoixa de Valldemossa (Cartuja)**
✉ Cartoixa, s/n.
☎ 971 612 106.
🖥 https://cartoixade valldemossa.com
🕐 Consultad la web.

▼ Calles de Valldemossa.

En sus bellísimos paisajes, orientados hacia el mar y a la vertiente noroeste, abundan los terrenos escalonados con muros de contención hechos en piedra, llamados *marjades*. Se dice que los centenarios olivos, de formas fantasmagóricas, inspiraron a Doré las ilustraciones del Infierno de la *Divina Comedia*.

La mayor fuente de recursos de **Valldemossa** es el turismo, que llega atraído por el encanto de sus callejuelas en cuesta y sus fachadas adornadas con macetas y azulejos en los que se narran fragmentos de la vida de la beata Catalina Thomás, la santa que nació en 1533. Su casa natal, convertida en 1782 en oratorio, se halla junto a la **iglesia** parroquial de **San Bartolomé,** erigida en 1245 y modificada posteriormente con un campanario inspirado en el de la Cartoixa *(Cartuja)*.

Otro edificio que cabe destacar es el que el rey Jaime I adoptó como residencia, una antigua construcción árabe desde la que se dominaba un espléndido paisaje y que actualmente es conocida por el nombre del **Palau del Rei Sanç**, datada tradicionalmente en 1321 y que en esa época tenía una gran sala decorada y bajorrelieves con ciervos esculpidos.

En 1339 el monarca catalano-aragonés Martín el Humano la regaló a los cartujos que a lo largo de los siglos fueron añadiéndole nuevas dependencias, al tiempo que borraban los rasgos arquitectónicos más antiguos. En 1835, cuando los miembros de aquella comunidad fueron expropiados en España, la **Cartoixa** fue adquirida por particulares que la habilitaron para recibir algunos de los visitantes que en aquella época llegaban a Mallorca.

El renombre universal de este pueblo se debe a la llegada de Chopin y de George Sand con los hijos de esta (1838-1839) para descansar en la **Cartoixa de Valldemossa**. Chopin compuso durante su estancia veintidós de sus veinticuatro *Preludios, Opus 28*. De esta visita se cuenta como anécdota la antipatía que George Sand sentía hacia los habitantes de

Valldemossa; en cualquier caso, esta antipatía era recíproca ya que los de Valldemossa nunca le perdonaron que usara pantalones y fumara en público, actitudes que ellos consideraban una provocación.

La Cartuja fue también lugar de confinamiento por motivos políticos para algunos hombres ilustres de la historia de España; lo fue, por ejemplo, para Jovellanos (1801-1802) que en ella redactó su *Memoria sobre la educación política*. El resto de los visitantes ilustres que acudieron posteriormente a Valldemossa fueron invitados por el propietario del antiguo Palau del Rei Sanç. Cabe destacar la presencia, entre otros, de Azorín, Santiago Rusiñol y Rubén Darío. Actualmente dos habitaciones conservan los recuerdos de Chopin y George Sand, y en ellas se celebran innumerables actos culturales. También merece la pena visitar la antigua farmacia de los monjes que después de su expulsión continuó abierta al servicio del pueblo. Además, otras celdas muestran la antigua farmacia, la sala de xilografías con una importante colección de trabajos impresos, la celda prioral, la sala de arte contemporáneo y la pinacoteca.

El prior Miquel Oliver (1505-1525) hizo construir el claustro. La **iglesia** actual fue edificada entre 1717 y 1812 sobre la antigua erigida en 1446. En el **interior** destacan los frescos pintados por fray Miguel Bayeu, cuñado de Goya.

En la calle Blanquerna se abre al público la **Fundació Josep Coll Bardolet,** con exposición de obras de este paisajista catalán afincado en Valldemossa desde 1944 hasta su muerte en 2007.

Excursión obligada es la de la **ermita de la Trinidad,** fundada en el siglo XVIII y situada a 1 km de

**Fundació Coll Bardolet**
✉ Blanquerna, 4.
☎ 971 612 983.
🌐 http://fccollbardolet.org

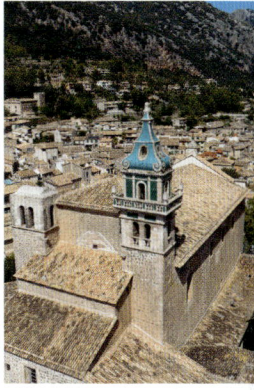

▲ Torre de la Cartuja de Valldemossa.

▼ Valldemossa es la localidad balear que albergó la residencia de invierno de Chopin.

la carretera Ma 10 que nos lleva a Deià; se puede ir en coche aunque el camino es bastante estrecho. El recinto sagrado, además de una pequeña capilla, comprende un cementerio y unas habitaciones para dar hospedaje a quien lo desee. Al fondo de un pequeño jardín se puede contemplar una bellísima panorámica sobre el mar.

Siguiendo la carretera hacia Deià, a unos 4 km, se halla el **mirador de Ses Pites** y los **predios de Miramar,** que pertenecieron al archiduque Luis Salvador de Austria, escritor y naturalista, hombre de gran personalidad que dedicó su inmensa fortuna a embellecer e investigar sus amadas tierras de Mallorca. Su yate, *Nixe II,* estaba atracado en un pequeño malecón construido en una diminuta península denominada *Sa Foradada,* que se halla justo debajo de su palacio. Huésped de Miramar fue su prima, la emperatriz Sissí de Austria.

Si continuamos el viaje por esta carretera, a 27 km de la ciudad de Palma, se halla el pintoresco pueblo de **Deià,** con sus típicas casas salpicando las laderas de una colina.

La **iglesia,** construcción fortificada y con pocas ventanas para ser mejor defendida de las posibles invasiones árabes, se halla en la cumbre.

En Deià residen y residieron numerosos artistas e intelectuales, entre ellos el fallecido novelista inglés Robert Graves, que llegó a Mallorca en los años 20 del pasado siglo y se convirtió en un defensor de la belleza de su entorno. Graves está enterrado en una modesta tumba en el precioso y tranquilo cementerio del pueblo frente al mar y al sol poniente y al pie de la alta *montaña del Teix* (tejo) que supera por poco los 1000 m de altura y que es un lugar muy preciado por senderistas (preferible su ascensión por la vertiente de Valldemossa). En la salida hacia Sóller se encuentra **Ca n'Alluny,** lugar donde residió el escritor ahora convertida en casa museo con exposición de libros, manuscritos, fotografías y objetos personales.

Deià cuenta con un pequeño **museo** en la **parroquia de Sant Joan Baptista** (originaria del siglo xv), un curioso **museo arqueológico** (interesantes muestras de especies animales pobladoras de las Baleares antes de ser habitadas por la especie humana), el **Museu Norman Yanikun**, instalado en la casa en la que vivió este pintor americano, y el **museo de Son Marroig,** finca montañera que acoge anualmente un festival de música clásica y con interesantes pinturas de Antoni Ribas, Joan Bauça y Joaquim Mir. Además de Graves, Deià ha acogido a Kewin Ayers, Mike Ol-

**Ayuntamiento de Deià**
✉ Pl. del Porxo, 4.
☎ 971 639 077.
🏠 https://ajdeia.net

**Ca n'Alluny**
✉ Carretera Deià a Sóller.
☎ 971 636 185.
🏠 www.lacasaderobert graves.org
🕐 Consultad la web.

**Museu Arqueològic**
✉ Teix, 4. Deià.
☎ 971 639 001.

**Museo Parroquial de Sant Joan Baptista**
✉ Ramón Llull, s/n.
☎ 630 015 574.
🕐 Sábado de 9 h a 19 h.

**Son Marroig (Museo del Arxiduque Luis Salvador)**
✉ Carretera Valldemossa.
☎ 971 639 158.
🏠 https://sonmarroig.com
🕐 Visitas concertadas.

▲ Deià, sobre el promontorio donde se asienta.

dfield, Julio Cortázar, Manuel de Falla y el excéntrico empresario Branson, entre muchos otros.

Un camino de unos 2 km lleva a *cala Deià* y aunque asfaltado con buen firme debe uno tomar precauciones dadas su angostura y sus curvas. En la cala, de cantos rodados, hay modestas casetas de pescadores y algún restaurante con magníficas vistas al mar. En invierno o en días de temporal las olas golpean con violencia las rocas de la costa y crea corrientes muy peligrosas. En situaciones así los bañistas deben abstenerse de penetrar en el agua.

A unos 30 km de Palma aparece **Sóller,** justo debajo del *Puig Major,* la máxima elevación de la isla, con 1445 m. Está ubicada en un fértil valle lleno de naranjales y rodeado de montañas. El origen de la población se remonta a fines del siglo XIII.

Quizá lo que más llame la atención en las calles de Sóller son las entradas y salas de acceso de las casas a veces con escaleras, que además del uso que les es propio, sirven como motivo de ornamentación. Están abiertas a la calle pero uno no debe entrar en ellas, aunque sí puede contemplarlas cuanto quiera. No faltan cuadros, muebles de época, macetas con plantas de interior muy cuidadas, cortinillas de ganchillo, escaleras interiores, patios con arriates. En la calle de la Lluna hay algunos ejemplos: véanse **Can Prohom** (número

**Oficina de Turismo de Sóller**
🖂 Pl. Espanya, 15.
☎ 971 638 008.
🖳 https://ajsoller.net

**Tranvía y tren de Sóller**
- Plaça d'Espanya, s/n. Palma.
- 900 908 761.
- https://trendesoller.com
- Desde Palma a Sóller.

**Tranvía de Sóller**
- Desde Sóller al Port: desde las 8 h hasta las 20.35 h; desde el Port a Sóller, de 8.30 h a 21.05 h.
- Precio: 9 €.

**Can Prunera**
**Museu Modernista**
- Lluna, 86-90.
- 971 638 973.
- https://canprunera.com

16) o la llamada **Casa de la Lluna** (en el número 50), con un bello relieve que representa el satélite que le da nombre. En esta calle es obligada la visita a sus establecimientos comerciales. Otros ejemplos de patios y entradas muy vistosas en su serenidad son la **posada de Montcaire** (calle Hospital, 7) o la **de Bàlitx** (calle de Bàlitx, 5) y otros en la citada calle de la Lluna: **Can Pelat** (número 118), **Can Paloni** (número 80) o **Can Prunera** (número 86-90) en donde abre sus puertas el **Museu Modernista.**

En cualquier caso se hallan notables ejemplos de casas y casi palacios –alguno dieciochesco, otros modernistas– en toda la localidad, por lo que un recorrido a pie por las calles de Sóller (de l'Hospital, del Bisbe Colom, de Santa Teresa, etc.) es siempre muy recomendable. Mientras se realiza, uno puede entretenerse buscando en las fachadas las modestas capillitas del Via Crucis que hace más de cien años señalaban el trayecto hacia un convento (calle de Isabel II).

Por la calle de es Born se llega a la **plaça de la Constituçió,** el centro de la villa, con animadas terrazas. En la plaza sorprende el volumen de la **parroquia de Sant Bartomeu,** con fachada modernista añadida al edificio primitivo de los siglos XVI y XVII en la primera década del XX y algunos edificios que ofician de acólitos: el **Ayuntamiento** (Cases de la Vila), el **Banc de Sóller** (hoy oficina local de otra entidad financiera) y **Can Bordils,** con aspecto renacentista. La relativa abundancia de edificios

## Ca'n Joan de s´Aigo

Si bien es cierto que hoy escasean las nieves en las cumbres de la isla de Mallorca, antaño la nieve constituyó un importante recurso natural en la economía insular. En los picos más elevados de la sierra se encuentran aún restos de *cases de neu* (toscas construcciones de piedra donde la nieve era almacenada y conservada durante meses, mediante su acumulación en capas muy apretadas a base de *trepitjades,* pisadas, entre capas de carrizo). Destacan las casas de nieve de Massanella, en Manacor, las de Tomir, en Pollença, y muchas otras. A ellas accedían los trabajadores por *camins de nevaters,* que hoy se conservan en estado precario y que son, no obstante, magníficas vías para la práctica del excursionismo de montaña. La nieve convertida en hielo era llevada a lomos de mula hasta los lugares de destino, sobre todo Palma, donde se usaba entre otras cosas para elaborar sorbetes en repostería. Aún se puede saborear un *fresque* en Ca'n Joan de s´Aigo, en Palma, cerca de la iglesia de Sant Francesc, los cuales, aunque sean de factura moderna, no defraudarán el paladar.

civiles notables así como el tamaño de la iglesia parroquial se debe a la riqueza que aportó a su ciudad la fuerte emigración que durante el siglo XIX se dirigió a Francia y volvió posteriormente a la localidad.

En el carrer de sa Mar está el **Museu de Sóller.** Otro local municipal de cultura está en la antigua **capilla de los Escolapios.**

Por la calle de la Lluna el paseo se alarga hasta los minúsculos y tranquilos municipios de **Biniaraix** y de **Fornalutx,** bellísimos ejemplos de núcleo urbano de montaña en Mallorca, con modelos de arquitectura rústica muy copiados. En todo el camino nos acompañará, además, el aroma de la flor de cientos de naranjos y el silbo de los mirlos. Desde Biniaraix, los montañeros –con buen calzado y provisión de agua y comida– pueden ascender hasta las cimas de **l'Ofre** (1090 m) o de los montes ***Cornadors*** (más de 900 m) por un camino en cuesta, empedrado y de traza original árabe, construcción única en su género: ***es barranc de Biniaraix.*** La excursión puede llegar, cruzando la sierra, hasta el santuario de Lluc.

Sóller estaba prácticamente incomunicada por tierra hasta que en 1912 se inauguró un tren que posteriormente se prolongó con una línea de tranvía que llega hasta el Port de Sóller y que es la delicia de los visitantes que allí acuden ya que desde sus jardineras se puede disfrutar, como casi desde ningún otro lugar, del paisaje de sus tierras.

· · · · · · · · ·

**Casal de Cultura**
**Museu de Sóller**
✉ Carrer de sa Mar, 11-13.
☎ 971 634 663.
🖰 https://casaldecultura.com

▼ Pueblo de Sóller con la fachada de la iglesia de Sant Bartomeu al fondo.

▶ Del Port de Sóller parten casi todas las excursiones marítimas que recorren esta zona de costa.

● ● ● ● ● ● ● ● ●
**Oficina de Información Turística. Port de Sóller**
✉ Edifici Portuari, Moll Comercial.
☎ 691 779 532.

● ● ● ● ● ● ● ● ●
**Museu de la Mar**
✉ Santa Caterina d'Alexandría, 50.
☎ 971 632 204.
🖱 https://museumaritim. conselldemallorca.es

El **Port de Sóller** es un importante refugio natural. A lo largo de su costa circular se extiende una playa de arena. También hay un puerto en donde las embarcaciones recreativas se mezclan con las barcas destinadas a la pesca y sobre el barrio de pescadores se halla el **santuario de Santa Catalina,** reconstruido en 1574, después de haber sido arrasado por los berberiscos. Este oratorio alberga el **Museu de la Mar,** un centro de interpretación de la historia de Sóller y su puerto. Desde el santuario se contemplan unas espléndidas vistas de la bahía.

Cuenta una vieja leyenda que en el siglo XIII San Raimundo de Peñafort llegó a las costas de la península desde el puerto de Sóller, usando su capa a modo de embarcación y su bastón como mástil, ya que el rey Jaime I, enojado por las duras críticas que de él había recibido, había prohibido a todos los capitanes que lo trasladaran en sus barcos a puerto.

A lo largo de los siglos XVI y XVII el puerto de Sóller fue arrasado por numerosas invasiones piratas. La más grave se produjo en 1542 y acabó con el incendio de Santa Catalina y la captura de todos los barcos anclados en la bahía. En 1516 los habitantes de Sóller, dirigidos por el capitán Angelats, lograron vencer a los corsarios turcos. En esa contienda, las dos hermanas Francisca y Catalina Casasnovas –*ses valentes dones de Ca'n Tamany*– defendieron con

gran valor la hacienda donde vivían. El acontecimiento histórico está inmortalizado en un monumento que se encuentra instalado en la carretera de Sóller al Port. A principios de mayo se conmemora dicha batalla realizando un simulacro de desembarco de los musulmanes y diversas luchas de estos con los cristianos.

De regreso a Palma puede visitarse el interesante **Museu Balear de Ciències Naturals,** en la carretera del Port de Sóller a Palma, en un bello edificio restaurado de carácter popular, entre altas y estilizadas palmeras. En los terrenos que rodean la casa se encuentra el **Jardín Botánico de Sóller,** espacio visitable de plantas autóctonas y endémicas, tanto de las islas Baleares como del Mediterráneo, que desarrolla programas de investigación sobre la flora balear y mantiene un banco de semillas para la conservación de plantas insulares amenazadas de extinción. En primavera, el pequeño y cuidado jardín es un remanso colorista y perfumado, pues abundan las plantas aromáticas propias de la naturaleza balear: romero, lavanda, jara de Sant Joan. Las salas de exposiciones, permanentes o no, divulgan periódicamente información actualizada y rigurosa sobre las curiosidades naturales de las Baleares, especialmente de su botánica, y sobre la labor de los naturalistas mallorquines que cuenta con una ya larga tradición.

**Museu Balear de Ciències Naturals**
✉ Ctra. Palma-Port de Sóller, Km 30.
☎ 971 634 064.
🖥 www.museuciencies naturals.org
🕐 De lunes a sábado de 10 h a 17 h, festivos de 10 h a 14 h, cerrado domingo.

# De Palma a Formentor por el interior de la isla

La flamante nueva autopista central une la capital de la isla con la bahía de Alcúdia en cuyo extremo occidental se encuentra la afilada *península de Formentor* con sus acantilados escalofriantes y su solitario faro.

La autopista pasa junto a los principales pueblos del llamado *Es Raiguer,* entre otros Santa Maria del Camí, Consell, Binissalem, Lloseta, Campanet y Búger. Selva y Alaró son más próximos a la Serra de Tramuntana.

Inca es la cabeza de partido de esta región mallorquina. La viña es abundante en los términos de Santa Maria, de Consell y de Binissalem. De hecho, este último nombre es el de la denominación de origen local. En estas localidades, cuando ha terminado la vendimia y se ha obtenido el vino joven se puede adquirir a granel en bodegas *(cellers)* que cuelgan de su fachada una rama de pino.

En **Inca** todavía se conservan numerosos *cellers* convertidos en restaurantes en los que se pueden degustar las especialidades gastronómicas de la isla. Tal vez los *cellers* de **Sa Travessa,** con su ventana renacentista y sus grandes botas de vino en las que los vinateros debían meterse para limpiarlas a fondo antes de guardar su mosto, y de **Can Ripoll,** adyacente a la casa señorial del mismo nombre, sean los más conocidos y mejor conservados. Precisamente aquí hay que destacar las *galletes d'oli d'Inca,* galletas saladas de forma redonda que tienen una gran tradición y que nunca faltan en las despensas mallorquinas, igual que los excelentes embutidos que fabrican sus factorías: *sobrassadas,* longanizas y butifarrones que son la delicia de cualquier *gourmet*.

Inca es conocida también por su producción en piel. Zapatos de marcas ya internacionales tienen aquí sus centrales: *Camper, Yanko, Lottusse,* etc.

El pueblo está muy transformado, incluso la iglesia de **Santa Maria la Mayor,** con origen en el siglo XIII, ha sufrido muchas modificaciones durante el siglo XVIII hasta que se termina a principios del XX con la obra del campanario separado de la fachada. Otros edificios religiosos son el **convento de Sant Francesc,** con un magnífico claustro barroco, y el **convent de Sant Bartomeu** de monjas de clausura.

**Ayuntamiento de Inca**
- Plaça d'Espanya, 1.
- 871 914 000.
- http://incaciutat.com

**Museu del Calçat i de la Industria**
- Av. del General Luque, 223. Cuartel General Luque.
- 871 911 643.
- http://museu.incaciutat.com
- Consultad en la web.

**Casa Llorenç Villalonga. Museu Literari**
- Bonaire, 25. Binissalem.
- 971 886 014.
- www.mallorcaliteraria.cat
- De lunes a viernes de 10 h a 14 h.

▶ Puig del Calvari.

En cuanto a los edificios civiles se encuentran las casas señoriales de **Can Siquier** o **Can Ripoll** (siglos XVII-XVIII) y otras de estilo modernista como **Can Mir, Can Amengual** y **Can Fluxà**. En la plaza de España el tradicional **Café Mercantil** sigue contemplando el paso del tiempo. Espacios como el **Teatre Principal**, el centro de arte **Sa Quartera** o el **Museu del Calçat i de la Industria** contribuyen con la oferta cultural de la población.

Inca celebra todos los jueves un importante mercado en la plaza del Ayuntamiento y calles adyacentes. Además, en el mes de noviembre tiene lugar la feria del *Dijous Bo*, que atrae a visitantes de todos los pueblos de la isla. El primer domingo después de Pascua es tradicional subir en romería a la **ermita de Santa Magdalena** –construida en el *puig d'Inca* (304 m de altura)– desde donde se domina un amplio panorama.

La **iglesia parroquial** de **Santa Maria del Camí** es barroca y su campanario está adornado con brillantes azulejos. El edificio del **Ayuntamiento**, la casa de la vila, mantiene estructura y formas del XVII y guarda un retablo gótico: una Virgen con un jilguero. En el llamado camí de Coa Negra se encuentra el antiguo caserón o **possessió de Son Torrella** con una muy bien conservada *tafona* (almazara). La feria de Santa María, el último domingo de abril, es una de las más concurridas del año mallorquín.

En **Consell** (4 km al norte de Inca) es visita obligada la **Bodega Ribas,** magnífica y sobria casa con planta del siglo XVII. En la **parroquia de Nuestra Señora de la Visitación** destacan los Cristos góticos, el retablo de San José y la pila de bautismo barroca.

Ahora **Binissalem** es una villa con hermosas casas señoriales muy bien restauradas de una elegante rusticidad. Entre ellas, **Can Gelabert de la Portella,** hoy magnífico centro municipal, y **Can Sabater,** casa que fue del conocido escritor Llorenç Villalonga, y que se abre ahora como **museo** de recuerdos villalonguianos. Una fundación se encarga de la gestión de esta y otras casas de escritores mallorquines como **Pare Rafel Ginard** (Sant Joan) y **Blai Bonet** (Santanyí). En el camino a la singular **possessió de Bellveure,** con su larga fachada uniforme y sus claustros, exterior e interior, se encuentra el restaurante *Can Arabí* conocido por su denso *arròs amb salseta*. La última semana de septiembre, al término de la vendimia, casi toda Mallorca se reúne en las calles de Binissalem, donde sus vecinos ofrecen, en largas mesas, coca de verdura, vino joven y los sabrosos *fideus des vermar* (fideos de vendimia).

**Punt d'Informació Turística Campanet**
✉ Plaça Major, 24.
☎ 971 516 005.
🖥 https://ajcampanet.net

**Cuevas de Campanet**
✉ Autovía Palma-Sa Pobla, salida 37.
☎ 971 516 130.
🖥 www.covesde campanet.com

**Oficina de Turismo de Pollença**
✉ Pere J. Cànaves Salas, s/n (Convent de Sant Domingo).
☎ 971 535 077.
🖥 https://pollensa.com

**Museo de Pollença**
✉ Pere J. Cànaves Salas, s/n.
☎ 971 531 166.
🖥 https://pollensa.com

**Campanet** tiene unas **cuevas** con más de 400 m de recorrido visitable con reducidas lagunas interiores y salas de rimbombantes nombres *(de las Hadas, de los Enamorados, del Elefante Blanco,* etc.). **Búger** ofrece trabajos artesanos singulares: cencerros para ovejas llamados en catalán *picarols* o *esquelles,* vistosos ramos de flores artificiales encerradas en campanas de vidrio, y cucharas de madera blanda para remover y servir ensaladas y el plato típico llamado *trempó.* En el escudo municipal mostrado orgullosamente en la fachada del **Ayuntamiento** figura tallada en la piedra una bujía siempre encendida. En la **iglesia de Sant Pere** se conserva un órgano del siglo XVIII.

A unos 22 km de Inca, está situada **Pollença.** La población se halla entre dos montañas de poca altura: el puig de Pollença (333 m), en donde se erigió una ermita, cuidada por monjas –que todavía conserva una antigua torre de defensa del siglo XV– y el puig del Calvari. La mejor manera de subir al *puig del Calvari* es hacerlo por una hermosa escalinata de 365 peldaños, uno por cada día del año; en lo alto hay un oratorio que fue construido a fines del siglo XVIII.

Dentro del casco urbano destaca la **iglesia** parroquial **de Nostra Senyora dels Àngels** y el **convent de Sant Domingo** del XVI, desamortizado en 1836 y hoy en día centro cultural, con un **museo** de arte gótico y contemporáneo. El claustro es el corazón de los tenderetes de artesanos ceramistas, textiles y gastronómicos en la feria de noviembre, y el lugar donde se celebran conciertos del *Festival Internacional de Música de Pollença* (julio y agosto). En el convento dicen que está sepultado el héroe local

▲ Port de Pollença.

Joan Mas (1520-1607), que se distinguió en la lucha contra un ataque de la piratería berberisca, infundiéndose valor con una fervorosa apelación a la patrona, repetida año tras año como fórmula de inicio de los festejos patronales. Precisamente cada año se celebra en Pollença la resistencia popular contra los árabes el día de la *Mare de Déu dels Àngels* (2 de agosto). Divididos en dos bandos –*cristians* y moros– y con gran demostración de disparos de salva desde escopetas y cañones, los pollensines se enfrentan con tal ritualizada agresividad en las estrechas callejuelas de la villa que sorprende a los numerosos espectadores. Los ánimos de los participantes se caldean antes durante horas con *mesclat,* mezcla casi explosiva de licores locales. El enfrentamiento se produce en las calles de Joan Más, el carreró del Vent, la plaza de l'Almoina y otras. En la plaza se halla una estatua de un gallo sobre una fuente, la **font des Gall,** emblema de la ciudad.

Pollença tuvo su propia escuela de pintura paisajista y uno de sus pioneros fue **Dionís Bennàssar,** cuya casa con pequeño **museo** de recuerdos, bocetos y pinturas bien merece una visita. Además, en Pollença pervive tal vez el último resto de la añorada Institución Libre de Enseñanza, la **Fundación Guillem Cifre de Colonya,** fundada a finales del XIX por el mecenas y pedagogo ilustre Guillem Cifre de Colonya. Entre otros muchos actos culturales y ayudas a iniciativas sociales, la fundación convoca desde hace varias décadas un premio de literatura infantil y juvenil en lengua catalana.

A la salida del pueblo, en dirección al Port de Pollença, se conserva un bello **puente** romano de dos arcos, único de estas características en Mallorca.

**Museu Dionís Bennàssar**

✉ Roca, 14. Pollença.

☎ 971 530 997.

🖰 www.museudionis
bennassar.com

🕐 De martes a domingo de 10 h a 14 h; lunes cerrado.

🎫 Entrada gratuita.

Fuera de Pollença, en dirección al Port, un desvío a la izquierda conduce a la **Cala Sant Vicenç**, uno de los lugares emblemáticos del turismo mallorquín en sus inicios. Distintas caletas forman el lugar: Carbó, Molins, Barques... A su frente, los impresionantes acantilados de la *serra del Cavall Bernat* son, tal vez, los más pintados de las Baleares. Son un lugar (pictórico) común sus tonalidades rojizas cambiantes en el crepúsculo.

Al pie de las cresterías del Cavall Bernat hay una cala cerrada y limpia: *cala Bócquer,* que debe su extraño y sonoro nombre a *Bocchoris,* un asentamiento romano levantado sobre restos de un poblado talayótico anterior. Pollença es, pues, un municipio rico en historia y de un gran atractivo turístico y cultural. Las procesiones de Semana Santa atraen especialmente por su solemne *Davallament del Sant Crist* (bajada del cuerpo de Cristo de la cruz).

Aproximadamente a 5 km de la ciudad de Pollença se halla el **Port,** antiguo pueblo de pescadores que hoy día se ha convertido en un elegante y atractivo lugar de veraneo. Hacia el sur la carretera de Alcúdia nos permite bordear la bahía siguiendo la playa de *Sa Cuarassa* y hacia el norte otra ruta conduce, entre abruptos acantilados, hasta el *cap de Formentor*.

Formentor se halla en la parte más septentrional de la isla de Mallorca y allí el extremo oriental de la Serra forma una península de 12 km de ancho. Su litoral es de una gran riqueza, con acantilados que a veces superan los 200 m de altura, maravillosas calas (*cala Pi de la Posada*, con la pequeña isla de Formentor emergiendo de sus aguas; *cala Murta; cala En Gossalba; cala Figuera* y *cala del Vall de Bóquer*) y numerosos cabos e islotes *(punta de la Nao, illot del Colomer, punta de Sa Font Salada, cap de Catalunya* y *cap de Formentor)*.

Una carretera de 20 km une el Port de Pollença con el faro de Formentor que, situado sobre un farallón de unos 209 m de altura, es el punto más norteño de la isla. Esta ruta bordea la bahía de Pollença y asciende en un trazado de curvas hasta el *mirador del Mal Pas* o des Colomer, desde donde se divisa el islote Es Colomer –hábitat de negrísimas lagartijas y gaviotas– vertical como un reto rocoso bajo unos impresionantes acantilados. Algunos pescadores de caña descienden estas laderas hasta el mar por caminos de cabra. Finalmente la sinuosa carretera nos lleva hasta la bellísima **playa de Formentor**.

La accidentada orografía hace que el paisaje sea muy variado. Destacan las alturas de El Pal (423 m)

**Oficina de Turismo del Port de Pollença**
✉ Joan XXIII, 19.
☎ 971 865 467.
🖥 www.ajpollenca.net

▼ Faro en el cap de Formentor.

y de la atalaya de Albercutx (380 m). Las casas viejas de Formentor fueron edificadas en un valle, no lejos del túnel que atraviesa el monte d'en Fumat (334 m), donde en una **capilla** se venera la imagen de la Virgen de Formentor.

Toda la península fue propiedad de la familia del poeta Miquel Costa i Llobera, pero a su muerte se vendió por parcelas. Posteriormente, el argentino Adam Diehl adquirió unas 200 ha y en el año 1928 hizo construir el *Hotel Formentor,* la primera instalación de lujo edificada en España fuera de un núcleo urbano. Fue un hotel de gran categoría que todavía mantiene su prestigio original. Han sido y son huéspedes de este emblemático hotel personajes nacionales e internacionales de la nobleza, las artes y las letras, e importantes hombres de negocios. Incluso se han celebrado reuniones de los jefes de estado de los países de la Unión Europea. Sin duda el espacio forestal rigurosamente protegido que ampara el hotel ofrece la seguridad y el sosiego imprescindibles para la toma de difíciles decisiones políticas. Lugar mítico para el mundo intelectual acogió, en los años 50 del pasado siglo, conversaciones literarias de autores como Carlos Barral, Cela y Carlos Fuentes entre otros. Estas han sido recuperadas y son cita obligada cada mes de septiembre en la isla (www.fundacionformentor.es).

▼ El cap de Formentor desde el mirador des Colomer o del Mal Pas.

# Manacor y Porto Cristo. Las Cuevas del Drach

La ciudad de Manacor está situada en un llano entre las estribaciones montañosas de la sierra de Llevant. Después de la reconquista de Mallorca Jaime I asignó estas tierras a Nunó Sanç. Más tarde volvieron a la corona y, en 1300, Jaime II creó la villa de Manacor en el lugar de un antiguo núcleo islámico o quizá romano.

▼ Iglesia de Nostra Senyora dels Dolors en Manacor.

La villa adquirió una enorme vitalidad en el siglo xiv. El casco antiguo de la ciudad se halla en Sa Bassa, en una confluencia de caminos cuyo núcleo está constituido por la plaza del Mercat y la **iglesia** parroquial y arciprestal de **Nostra Senyora dels Dolors**, construida en estilo neogótico sobre fundamentos y muros de iglesias anteriores. Destaca su **torre Rubí,** en la plaza del Rector Rubí, el edificio más alto de la ciudad y que corta el horizonte al aproximarnos a ella. En su interior se venera un Cristo crucificado que según la tradición llegó por mar a Porto Cristo tras una tempestad. El retablo del altar mayor tiene estampa churrigueresca. El **convento de Sant Vicenç Ferrer**, Monumento Nacional desde 1919, conserva un claustro amplio, acogedor y fresco. Ocupado hoy por oficinas municipales, ha sido sucesivamente convento, colegio, oficina de telégrafos, prisión y sede de exposiciones agrícolas.

Del palacio real, mandado construir a principios del siglo xiv para lugar de descanso de los monarcas de Mallorca, solo queda una **torre**, ahora rodeada por las calles peatonales y comerciales. Fue vivienda del rey Jaume II en el siglo xiii. Cabe destacar también la **torre de Ses Puntes,** monumento de los siglos xiii y xiv, actualmente centro cultural con salas para exposiciones de arte, pintura y fotografía, y el **caserón de los Puig**.

En el **Museu d'Història de Manacor,** situado en la torre dels Enagistes (los ignacistas; carretera de Manacor a Cales de Mallorca, km 1,5), se pueden contemplar unos mosaicos pertenecientes a las ruinas de la **basílica** paleocristiana **de Son Peretó**, situada a 7,5 km en la carretera a Sant Llorenç des Cardassar. También muestra piezas del **poblado** talayótico de **s'Hospitalet Vell**, restos romanos, pues hubo un molino romano en Porto Cristo, así como de la época musulmana.

La industria de Manacor se ha especializado en dos productos que, en su mayor parte, se destinan a la exportación: los muebles y las perlas. Y últimamente ha resurgido la antigua artesanía de la madera de olivo, aunque dedicada fundamentalmente a la producción de objetos de recuerdo. La fabricación de perlas artificiales se inició en 1900 gracias a una sociedad fundada en Barcelona, pero la factoría se independizó en el año 1915.

La ciudad moderna se expande por avenidas como la de Antonio Maura y el paseo del Ferrocarril, donde se ubica el moderno **Auditorio**.

En la carretera de Cales de Mallorca, km 1,2, se encuentra el **Rafa Nadal Museum**, una exposición

---

**Oficina Municipal de Información Turística**
- ✉ Plaça del Convent, 3. Manacor.
- ☎ 662 350 891.
- 🖥 https://visitmanacor.com

**Iglesia de Nostra Senyora dels Dolors**
- ✉ Plaça del Rector Rubí.
- ☎ 971 550 983.
- 🕐 Diario de 8.30 h a 12.45 h y de 17.30 h a 20 h.
- 🎟 Entrada gratuita.

**Torre de Ses Puntes**
- ✉ Plaça Historiador G. Fuster, s/n.

**Museu d'Història de Manacor**
- ✉ Ctra. Cales de Mallorca, km 1,5.
- ☎ 971 843 065.
- 🖥 https://museudemanacor.com
- 🕐 Consultad en la web.
- 🎟 Entrada gratuita.

**Basílica Son Peretó**
- ✉ Ctra. Sant Llorenç, km 7,5.

**Poblado S'Hospitalet Vell**
- ✉ Ctra. Cales de Mallorca, km 1.

**Rafa Nadal Museum**
- ☎ 971 171 683.
- 🖥 www.rafanadalmuseum.com

•••••••••

**Oficina Municipal
de Información Turística
de Porto Cristo**

✉ Plaça de l'Aljub, s/n.
Porto Cristo.

☎ 662 350 882.

🌐 https://visitmanacor.com

•••••••••

**Cuevas del Drach**

✉ Carretera de les Coves
de Porto Cristo. Manacor.

☎ 971 820 753.

🌐 www.cuevasdeldrach.com

⊙ Visitas con concierto: en
verano las visitas son cada
hora, desde las 10 h a las
17 h; en invierno, a las
10.30 h, 12 h, 14 h y
15.30 h.

de trofeos y equipaciones deportivas de Rafa Nadal, que también cuenta con una sala interactiva para prácticar varios deportes.

A 13 km de Manacor se halla **Porto Cristo,** antiguo puerto de pescadores existente ya en el siglo XII. En los últimos años se ha convertido en un importante lugar de veraneo ya que conjuga la belleza de su litoral con la proximidad de las cuevas naturales dels Hams y del Drach. Durante la dominación romana, este lugar fue un núcleo importante de población y sobre los acantilados que hay a la salida del puerto se pueden contemplar los restos de una basílica paleocristiana: **Sa Carroja**, perteneciente al siglo V o VI. En el verano de 1936, las tropas republicanas desembarcaron en el puerto para intentar, infructuosamente, recuperar Mallorca.

Las **cuevas del Drach** están situadas junto al mar, aproximadamente 1 km al sur de Porto Cristo, donde las costas son especialmente accidentadas y desde donde se puede contemplar la furia de las olas cuando pasan a través de las rocas erosionadas y producen surtidores naturales. Fueron exploradas por primera vez en 1878, y en 1896 el archiduque Luis Salvador de Austria encargó un estudio más sistemático de la zona al científico E. A. Martel y posteriormente, en 1934, Carles Buigas se encargaría

del proyecto de iluminación. Existen doce salas de grandes dimensiones entre las que cabe destacar, aunque no se visita, la del lago Miramar, de unos 150 m de largo por 80 m de ancho y 12 m de alto. En las cuevas hay una media docena de lagos que se comunican entre sí mediante canales y sifones; las estalactitas y estalagmitas forman infinidad de figuras y decorados de gran belleza. El visitante puede contemplar un espectáculo sorprendente en el que un grupo de músicos interpreta a Chopin desde unas barcas que se deslizan por el lago.

Por una desviación de la carretera que va de Manacor a Porto Cristo se llega a las **cuevas dels Hams,** situadas en la orilla izquierda del torrente des Cap des Toll. Pere Caldentey las descubrió y terminó de explorarlas en 1907. Su característica principal son las estalactitas arborescentes en forma de gancho, fenómeno muy raro y que todavía no se ha podido explicar satisfactoriamente. La entrada se realiza por una cavidad subterránea de considerables dimensiones. El sugestivo nombre de sus salas: el Cementerio de las Hadas, el Mar de Venecia, la Sala de las Armas, el Palacio Perdido, la Sala del Dos de Marzo, etc., es suficientemente atractivo como para animar a los visitantes a que contemplen este lugar casi encantado.

▲ Las cuevas del Drach son uno de los incentivos turísticos más importantes de Mallorca. En el lago Martel (arriba) los visitantes pueden disfrutar de conciertos de música clásica.

**Cuevas dels Hams**
✉ Carretera de Manacor a Porto Cristo, km 11,5.
☎ 971 820 988.
🌐 https://cuevasdels hams.com
🕐 De 10 h a 17 h (última visita a las 16 h).

# Hasta Sa Calobra cruzando la sierra Norte

La excursión hasta Sa Calobra es una de las más bellas de la isla, pues implica cruzar por completo la sierra norte, tanto si se realiza desde Sóller como desde Inca, pasando en este caso por coll de Sa Batalla para arribar a un rincón de espléndida orografía.

En ambos casos se exige superar collados de carretera de cierta envergadura para lo que son las dimensiones locales: coll de sa Batalla, cerca del monasterio de Lluc (si se llega desde Inca); o el del Gorg Blau, al pie del Puig Major (si se llega desde Sóller, pasando por el *mirador de Ses Barques*) junto al embalse artificial del mismo nombre que, con el de Cúber, almacenan y suministran agua a la capital de la isla.

En todo el trayecto pueden contemplarse las producciones básicas de la Serra: bosques de encinas

▶ El Torrent de Pareis es uno de los parajes más populares de la isla de Mallorca por su extraordinaria belleza.

y pinos, los olivares aún en producción, algún *coll de caça* para la caza del zorzal mediante redes (*filats*), amplias zonas de carrizo donde pacen ovejas y cabras libremente... La arquitectura rústica en piedra y tejas, aparece sin alteraciones, con toda su sencillez, tanto en las casas solitarias como en los pueblos por los que se pasa. La excursión puede hacerse en autocar o en coche desde Palma, pasando por Inca, Selva, Caimari, Lluc, Escorca y, finalmente, la pequeña cala de *Sa Calobra,* de aguas finísimas, situada al fondo de un valle abierto entre dos peñascales: el *Morro de sa Vaca* y el de *ses Felles.*

En **Selva** hay una pequeña pero activa bodega acogida al sello Vino de la Tierra Mallorca. Pero la producción más conocida de Selva son sus zapatos (*Kollflex,* con exposición en la carretera a Lluc), además del aceite de oliva. La **parroquia de Sant Llorenç** tiene una preciosa y larga escalinata entre cipreses. Su fiesta patronal se celebra en agosto. Cada mes de junio se celebra la curiosa *Fira de Ses Herbes,* feria de las hierbas, con tenderetes de artesanos dedicados a elaborar perfumes, ungüentos, recetas gastronómicas y licores con las plantas autóctonas, entre ellas el mirto.

Selva tiene, además, una serie de pequeños núcleos próximos de sonoros nombres: **Caimari, Moscari, Binibona, Biniarroi, Biniamar,** tranquilos y situados en la falda de la montaña.

**Escorca** es cabeza del municipio más extenso de la isla y a la vez el de menor población: 140 km$^2$ por unos 200 habitantes en su mayoría diseminados en las extensas fincas que cubren los abruptos relieves de esta parte de la Serra (Mossa, Son Colom, Turixant, Binis...). No tiene núcleo urbano propiamente dicho pero el centro administrativo se encuentra en la misma plaça dels Peregrins. Merece una visita su pequeña **iglesia** parroquial, **Sant Pere d'Escorca** (a unos 9 km de Lluc), de los siglos XIII o XIV, uno de los primeros templos levantados por los conquistadores cristianos.

A unos cientos de metros de Escorca, un pequeño mirador a la derecha permite adivinar la fiereza del cauce del *torrent de Pareis*. Enfrente, en las laderas rojizas del Puig Roig se divisa la blanca fachada de la casa de Es Cosconar, construida en una cueva natural; también la estructura de un viejo cuartel de carabineros instalado en un solitario collado para la represión del contrabando en los años cuarenta de siglo pasado, y hoy ya en ruinas.

**Ayuntamiento de Escorca**
✉ Plaça dels Pelegrins, 9.
☎ 971 517 005.
🖥 www.ajescorca.net

▼ Santuario de Nostra Senyora de Lluc.

El **santuari de Lluc,** entre montes, rocas de lapiaz cuarteadas en formas fantasmagóricas y espesos bosques, es algo así como el centro espiritual de Mallorca, cita obligada de romerías, lugar donde cumplen promesas los penitentes, centro de actos religiosos y sociales multitudinarios –por ejemplo, la ya popular *Marxa des Güell a Lluc a peu* (Marcha de Güell a Lluch a pie), nocturna, desde el desaparecido bar Güell de Palma, en agosto, en la que participan miles de caminantes–.

El edificio del monasterio no reviste importancia, pues ha sufrido notables modificaciones a lo largo de los años. Tanto el **museo** (de ciencias, etnológico y religioso; pinturas del autor catalán Coll Bardolet) como el **jardín botánico** y la Font Coberta —de donde el agua surge como en otras de la sierra, fresca y clara– mercen una visita. En el monasterio, que está dedicado a la Virgen Moreneta, representada en una pequeña talla de color negro, un coro de niños, *Els Blauets* (diminutivo de *blau*, azul, por ser este el color de sus hábitos) amenizan los actos religiosos con sus bien adiestradas voces. Cantan diariamente en la basílica a las 13.15 h, de septiembre a junio.

Hay aquí una antigua casa de piedra restaurada, **Ca s'Amitguer,** donde se ubica el centro de interpretación de la Serra de Tramuntana, declarada Patrimonio Mundial por la Unesco. Cuenta con una exposición permanente y otros recursos que muestran el valor natural y cultural de la Serra.

**Lluc** es, además, punto de partida para excursiones a pie por los lugares más interesantes de la sierra mallorquina. El *Puig Tomir* (1103 m; a su pie se encuentra la fuente de Binifaldó que surte de agua embotellada a muchos restaurantes de la isla), el *Puig Roig* (1008 m), el *Massanella* (1349 m), son cumbres a las que se puede llegar por senderos que tienen aquí su inicio. Sobra decir que, en verano, estas marchas a pie son de extrema dureza por el exceso de calor. En otoño, invierno y primavera, sin embargo, permiten adentrarse en el corazón de la montaña de Mallorca y conocer sus dificultades y carácter. Es bastante probable ver el buitre negro, ave en peligro de extinción en todo el mundo y que mantiene en la isla de Mallorca una de sus más interesantes colonias.

También puede llegarse a Sa Calobra vía Sóller hacia el *Puig Major,* el pico más elevado de la isla, donde se ubican instalaciones civiles y militares de control aéreo. Pasado el embalse citado (Gorg Blau), la carretera se une con la que viene de Lluc para dirigirse (a la izquierda) hacia Sa Calobra con cur-

· · · · · · · · ·

**Santuari de Lluc**
- ✉ Plaça dels Pelegrins, 1.
- ☎ 971 871 525.
- 🖥 www.lluc.net
- 🕐 Basílica: todos los días de 8.30 h a 19.30 h.
  Museo: todos los días de 9 h a 18 h (a 17 h en invierno).
  Jardín botánico: todos los días de 9.30 h a 19 h (a 17 h en invierno).

· · · · · · · · ·

**Centro de Interpretación de la Serra de Tramuntana Ca s'Amitguer**
- ✉ Carretera Lluc a Pollença, s/n. Escorca.
- ☎ 971 517 070.
- 🖥 https://serradetramuntana. net

vas que requieren una atenta conducción (reto, por otra parte, para ciclistas aficionados). El Nus de sa Corbata, que inicia el descenso hacia el mar, es una notable solución de ingeniería vial para la época en que fue diseñada (los años treinta del pasado siglo). La carretera que va desde Escorca a Sa Calobra es de un trazado atrevido que penetra suavemente en los más recónditos parajes de la sierra mallorquina y posibilita el descubrimiento de uno de los paisajes más hermosos del Mediterráneo, incluso habiendo sufrido en años pasados el azote de los incendios forestales que desnudan, hasta casi martirizarla ante nuestros ojos, la clara roca caliza propia del lugar.

En *Sa Calobra*, unos pocos restaurantes e instalaciones hoteleras no alteran en demasía el paisaje. En su extremo oriental (acceder a través de un túnel excavado en la roca) desemboca el *torrent de Pareis*, uno de los parajes más notables de la isla, por donde pasaron pintores impresionistas, sedientos de vibraciones luminosas. La playa, de piedras redondeadas por el oleaje, tiene pronto mucha profundidad y es necesario tener precaución en días de mar agitada. Es posible adentrarse a pie en el *torrent* a través de un circo de peñascos bravíos y charcos de agua dulce.

Todos los años, el primero o el segundo domingo de julio tiene lugar en este circo del Torrent un concierto de canto coral, iniciado y promovido durante más de veinte años por el pintor Josep Coll Bardolet.

Si se tiene espíritu aventurero, y buenas piernas, puede emprenderse desde Escorca la travesía a pie del impresionante cauce del Torrent de Pareis hasta el mar, entre gargantas de cientos de metros de altura (podrá allí contemplarse la impresionante boca de Sa Fosca, un torrente estrechísimo enterrado entre rocas de desprendimientos y que desemboca en S'Entreforc, lugar recóndito solo accesible a pie donde nace el Torrent de Pareis propiamente dicho. Para ello es imprescindible proveerse de buen calzado, comida y agua suficiente para algunas horas de dura marcha (posible baño en las aguas frías e inmóviles de algún *tollo*). Es recomendable el consejo de un guía experto (contacto: GEM Grup Excursionista de Mallorca, Palma, telf. 971 718 823). Se debe evitar esta marcha a pie en invierno o en época de lluvia, cuando un chaparrón inesperado puede convertir el torrente en un infierno de agua embravecida y provocar serios accidentes.

También se puede llegar a Sa Calobra en barca desde el puerto de Sóller tras una hora de recorrido, o desde Pollença en navegación de trayecto más

largo pero siempre con el aliciente de doblar el *cap de Formentor,* propicio a oleajes imprevistos. Desde el mar, con salida en el puerto de Sóller, la Serra muestra su faz más abrupta con calas casi ocultas *(cala Tuent, Sa Costera),* desembocaduras de ásperos torrentes solitarios *(Na Mora, Mortitx)* con paredes de roca que emergen del fondo marino *(Sa cova de ses Bruixes, Cingle des Pi, acantilados de Mortitx, de Ariant).* En esta costa vuelan las águilas pescadoras y los halcones peregrinos y de Eleonor.

Por fin, desde Sa Calobra, el regreso puede hacerse vía Sóller o vía Lluc, pero también vía Pollença (desde Lluc) pasando por la **finca de Mortitx,** donde ahora se cultiva uva blanca para producir el vino malvasía. Con ello, completaremos uno de los mejores recorridos de Mallorca. En cualquiera de las tres opciones, deberemos tener cuidado porque, de pronto y en cualquier curva, pueden aparecer muy frecuentemente cicloturistas.

▲ Sa Calobra es uno de los lugares más visitados de Mallorca por la espectacularidad de su paisaje. La carretera que baja en dirección al Torrent de Pareis pasa por la famosa curva de 360 grados, el *Nus de la corbata* ("nudo de la corbata").

# La bahía de Alcúdia y el Parque Natural de S'Albufera

En la parte septentrional de Mallorca, entre Pollença y Sa Pobla, rodeada de cultivos, bosques y playas se levanta la antigua ciudad de Alcúdia.

Fundada por los romanos en el siglo II a. C., **Alcúdia** era conocía por el nombre de **Pollentia** (pueden visitarse las **ruinas** romanas a las que se llega por la carretera al Port, con restos de un anfiteatro excavado en el mismo suelo de piedra y también el pequeño **Museu Monogràfic** que reúne una colección de objetos suficiente para explicar el desarrollo de la ciudad romana.

Alcúdia se encuentra situada junto a la gran bahía que lleva su nombre –playa de arena, sin peligros para los niños por su bajo fondo; pero atención a las grandes medusas violáceas en contados, molestos, días–. Cuenta con un pequeño puerto de pescadores, **Port d'Alcúdia,** hoy insignificante al lado de las notables y abundantes instalaciones hoteleras de la zona.

Las **murallas** de la *ciutat* (título oficial concedido por el emperador Carlos I de España por su fidelidad hacia él en la revuelta social de las Germanías) mantienen unos pocos trazos árabes y han sido reformadas en siglos posteriores (siglo XVI) y restauradas

•••••••••
**Oficina de Turismo de Alcúdia**
✉ Paseo Pere Ventayol, s/n.
☎ 971 549 122.
🌐 www.alcudiamallorca.com

•••••••••
**Museu Monogràfic de Pollentia**
✉ Sant Jaume, 31. Alcúdia.
☎ 971 547 004.
🌐 www.alcudia.net
🕐 De martes a domingo de 9.30 h a 15 h; sábado 9.30 h a 11.30 h.

•••••••••
**Oficina de Turismo del Port d'Alcúdia**
✉ Passeig Marítim, s/n.
☎ 971 547 257.

▼ Ruinas del teatro romano de *Pollentia*.

en años recientes. El paseo sobre ellas permite una mirada completa de la ciudad y sus alrededores. Son destacables las **puertas de Xara**, al este, y **de Sant Sebastià**, al oeste. Las calles peatonales Major, Constitució y Moll unen las dos puertas y forman el principal eje comercial y turístico de Alcúdia. Hay caseríos notables y muy bien restaurados en las calles Serra (**Can Torró, Biblioteca** y **Can Fondo**), dels Albellons (**Can Calvo**) y Major (**Can Canta**). Alguna conserva pequeñas ventanas renacentistas, tejados y aleros donde crían vencejos, aviones y golondrinas en verano.

Ya fuera de la ciudad, hacia el Port por el interior, se sitúa el **oratorio de Santa Anna**, un pequeño templo de estilo gótico del siglo XIII. Por la carretera de la ermita de la Victòria, en un desvío a la derecha por el camí de Muntanya (una buena señal es el restaurante *La Bodega del Sol*) se llega en unos 15 minutos por camino sin asfaltar a la insólita sede de la Fundació Yannick y Ben Jakober: el **Museu Sa Bassa Blanca (MSSB)**. La casa, singular edificio diseñado en un estilo a la vez funcional y arabizante, tiene un cuidado jardín de rosas (florecen en mayo) y una magnífica e inesperada colección de pinturas, solo retratos de niños de los siglos XVII a XIX.

En un monte cercano, *Sa Talaia* (400 m), de fácil acceso en coche (o a pie: es una excursión muy placentera desde las instalaciones de un albergue juvenil del Govern Balear, o desde un campamento próximo) se encuentra el **santuario de la Victoria** (siglo XIII) con magníficas vistas sobre las bahías de Pollença y Alcúdia.

A caballo entre los términos de Alcúdia, Muro y Sa Pobla, y tras la primera línea de dunas, podremos ver la zona húmeda denominada *S'Albufera*, que fue el primer parque natural oficial de las islas Baleares (1985) y que cuenta con más de 1200 hectáreas de extensión, lugar de paso de miles de aves acuáticas (fochas, ánades, garzas, limícolas...) en su periplo desde el norte de Europa a las costas de África durante los meses de invierno y en sentido contrario durante la primavera. Se trata, pues, de un paisaje protegido, con juncos y cañizo, de interés para el naturalista aficionado a las aves silvestres (información y servicio de documentación en el centro de recepción del parque a partir de las 9 h; acceso junto al Pont dels Angelesos, carretera a Ca'n Picafort). En sus canales hay además multitud de anguilas, producto de pesca tradicional para la elaboración de unas típicas empanadas en Sa Pobla (*espinagades*). Cuenta con un **Centro de Interpretación**.

**Museu Sa Bassa Blanca**
- Fundación Yannick y Ben Jakober.
- 900 777 001.
- www.msbb.org
- De miércoles a sábado de 10 h a 18, domingo de 10 h a 15 h.
- Entrada general: 7 €.

**Parc Natural de S'Albufera**
- Centro de interpretación de Can Bateman y Centro de información de Sa Roca.
- Av. de S'Albufera.
- 971 892 250.
- www.illesbaleares.travel
- Todo el año de 9 h a 16 h.

▼ Puerta de la muralla de Alcúdia.

# Tasa Turística: Ecotasa

Las islas Baleares fueron la primera región española en aventurarse a implantar la ecotasa, un impuesto sobre las pernoctaciones turísticas que fue derogado durante algunos años pero que ha sido nuevamente implantado, y que pretende hacer partícipes a los turistas de la protección ambiental del archipiélago.

Los fondos recaudados están destinados a la mejora ambiental, a la restauración de bienes culturales y a la compra de espacios naturales. Es el propio alojamiento, casi siempre a la salida, quien realiza el cobro al huésped de la tarifa en cuestión (por persona y día), y se encarga de abonar ese importe a las autoridades competentes. Sus beneficios, como hemos señalado, van destinados a la conservación del patrimonio natural y cultural de las Baleares.

Vecinas a la albufera, las tierras de cultivo de **Sa Pobla** fueron transportadas a espuertas sobre las espaldas de hombres y mujeres de la zona hasta finales del siglo XIX con el objeto de cubrir la marisma. Aún puede adquirirse, de algún payés, un saquito de arroz de esta importante zona húmeda *(arròs bomba de s'Albufera),* un cultivo hoy reducido al ámbito familiar. Sa Pobla celebra todos los domingos su mercado y cada año un festival de jazz. Cuenta con un **Museu d'Art Contemporani** en **Can Planes**, un antiguo edificio señorial. Las *fiestas de Sant Antoni* (velada del 16 al 17 de enero) son espectaculares dentro de su familiaridad: en casi todas las calles se encienden grandes hogueras rituales *(foguerons).* Por la mañana del 17 se celebran las *beneïdes* de los animales y mascotas.

En **Muro**, el **Museu Etnològic**, situado en Can Alomar o Can Simó, del siglo XVII, muestra una completa colección de materiales de la Mallorca ancestral. La **iglesia** parroquial de **Sant Joan,** con un magnífico retablo y un curioso campanario de planta cuadrada, es un monumento que merece ser visitado, así como la curiosa plaza de toros de esta localidad (excavada directamente en la roca) con su aforo para algunos miles de personas.

Los festejos en honor a Sant Antoni (el 17 de enero) se caracterizan por la gran participación de la gente. Los *foguerons* se encienden en la *revetla* (víspera) y a su alrededor se reúnen vecinos y visitantes sin necesidad de invitación previa, y comparten la *torrada* (se asan pedazos de *llangonissa* y *botifarrons,* embutidos) y el vino, las *espinagades* (empanadas de anguilas de la albufera) y los *cocarrois* (pasteles de masa cerrada con verduras).

**Museu d'Art Contemporani Can Planes**
✉ Antoni Maura, 6. Sa Pobla.
☎ 971 542 389.
🌐 www.sapobla.cat

**Museu Etnològic**
✉ Carrer Major, 15.
Can Alomar.
☎ 971 860 647.

En cambio en **Santa Margalida** la fiesta por excelencia es La Beata, fiesta dedicada a honrar la memoria de santa Catalina Thomás, mujer de tradición muy arraigada en el espíritu de los mallorquines. Al atardecer del primer domingo de septiembre, tiene lugar un desfile de carrozas construidas por los propios vecinos que resulta muy animado, con acompañamiento de orquestas y *dimonis*.

Hacia el este de S'Albufera, por la costa, pasadas unas viejas salinas donde pueden observarse bandos de aves limícolas en las épocas adecuadas, se encuentran las playas de **Can Picafort** y de **Son Serra de Marina** en el término municipal de Santa Margalida, centros turísticos clave de la isla.

Más allá aún, y ya en el término municipal de Artà, la playa de *Sa Canòva,* tranquila y solitaria en la desembocadura de los torrentes de Son Bauló y de Son Real, constituye el último refugio natural del área y un final apropiado para esta excursión.

**Son Real** es una gran finca rural adquirida por el Govern Balear con los fondos de la ecotasa y hoy se mantiene abierta al público gracias a ellos. Permite pasear por senderos hasta las playas vecinas. En ellas se encuentran los **yacimientos** arqueológicos tardo talayóticos, fenicios y romanos de **Son Real** y del **islote dels Porros**, necrópolis usadas probablemente desde el siglo IV a. C. hasta el III d. C. Frente a la erosión marina se han tomado medidas para su protección.

**Oficina de Turismo de Can Picafort**
✉ Jaume Mandilego i Buchens, s/n.
☎ 971 850 758.
🖰 www.ajsantamargalida.net

**Finca Pública de Son Real**
☎ 971 185 363, 686 977 101.
🖰 https://es.balearsnatura.com
◉ Centro de información: de 9 a 16 h. Centro de interpretación y museo arqueológico: de 9.30 h a 15.30 h.

▼ Playa de Alcúdia.

# Puertos y playas de Poniente. De Calvià a Esporles

Ayuntamiento de Calviá
Julia Bujosa San, batle, 1.
971 139 100.
https://visitcalvia.org

Otras Oficinas de Turismo

Peguera
Ratolí, 1.
971 687 083.

Palmanova
Passeig del Mar, 13.
971 682 365.

Magaluf
Pere Vaquer Ramis, 1.
971 131 126.

Santa Ponça
Vía Puig de Galatzó, 1.
971 691 712.

Es una larga y bellísima excursión hacia las bahías y puertos de poniente, y pequeños pueblos de la sierra con sus playas ubicadas al fondo de valles abruptos y sus antiguos y a veces minúsculos muelles.

En el valle próximo al monte Galatzó (1026 m) se extiende hasta el mar el municipio de **Calvià,** situado entre las sierras de Garrafa (461 m) y de S'Esclop (927 m) al oeste, y la de Na Burguesa al este, cubiertas con denso pinar, que linda con el término municipal de Palma.

En los últimos años los incendios forestales han masacrado en repetidas ocasiones el lugar. Por ello está en trámite un ambicioso plan de recuperación forestal, cuyo primer paso será la declaración de la sierra de Na Burguesa como parque natural, dotándolo de servicios de guarda y conservación.

Calvià es un municipio disperso, con distintos centros de población, algunos en la zona turística

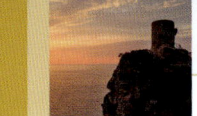

▼ Vista de Sa Dragonera.

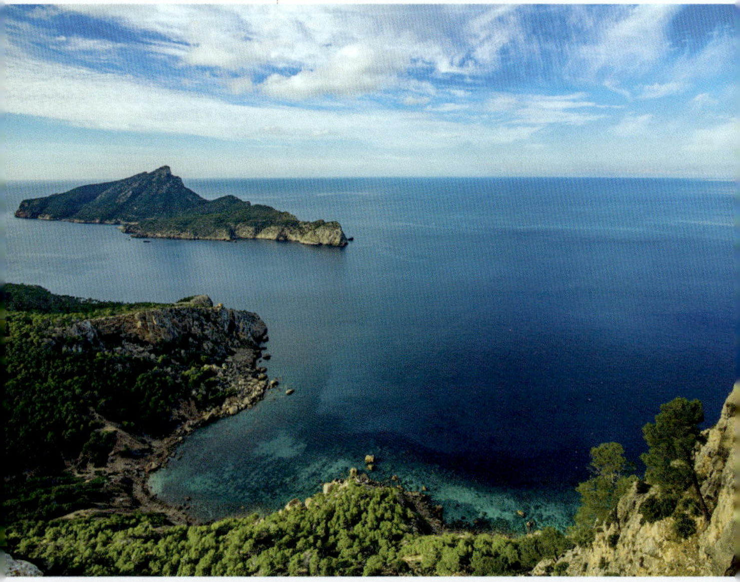

costera **(Palmanova, Peguera, Santa Ponça,** etc.), otros en su interior aún agrícola: Es Capdellà, por ejemplo. Sus calles presentan rasgos de pueblo montañés y de interior, ya que sus casas mantienen el carácter rural mallorquín, nada que ver con los núcleos turísticos de la costa. El municipio fue pionero en el turismo insular: el *hotel* Cas Català, hoy *Maricel,* data del primer cuarto del siglo xx. La mayor concentración hotelera y de servicios turísticos del Mediterráneo se encuentra en la costa de Calvià.

En el litoral abundan las playas arenosas entre puntas rocosas **(Illetes, Magaluf, Portals, Palmanova...)** con sucesión de urbanizaciones, con apartamentos, hoteles de lujo, chalés y puertos deportivos.

Existe también una importante infraestructura para el ocio: campos de golf (Bendinat, Santa Ponça y Magaluf); escuela de vela (en Cala Nova y Puerto Portals); clubs náuticos (en Portals, Santa Ponça y El Toro); delfinario (Marineland en Costa d'en Blanes); espectáculos de acrobacias en versiones familiar y para adultos en Pirates Adventure (Magaluf); el complejo de atracciones Katmandú y un Western Park (acuático) también en Magaluf; un parque de aventura (Jungle Parc) en Illetes; polideportivos, bibliotecas...

**Parc Natural de Sa Dragonera**
- ☎ 971 239 205.
- 🌐 https://es.balearsnatura.com

**Centro de recepción es Lledó**
- ✉ Isla de sa Dragonera.
- 🕐 De 10 h a 16.30 h (verano), a 14.30 h (invierno).
- 🚢 A la isla se accede en barco. Varias empresas realizan el transporte desde Port d' Andratx y Sant Elm.

## Sa Dragonera

Islote actualmente deshabitado en el poniente de Mallorca, en la costa de Andratx, Sa Dragonera se convirtió involuntariamente en un símbolo de la lucha por la conservación íntegra de espacios naturales en las Baleares debido a las movilizaciones ecologistas que se opusieron a un proyecto de urbanización. Llegaron a plantear un contencioso en la Audiencia Nacional que finalmente ratificó las tesis favorables a su conservación (la isla fue adquirida por el Consell Insular de Mallorca, entidad de régimen local, y declarada parque natural).

Dotada de un relieve abrupto insospechado en sus escasos 4 km de longitud, el islote cuenta con un pico –en el que permanecen las ruinas de un faro– a más de 300 m sobre el nivel del mar, cortado a pico, en un abismo escalofriante.

Es notable por su fauna (*sargantanes,* lagartijas endémicas; *falcons marins,* halcones de Eleonor; *gavines de bec roig,* gaviotas de Audouin) y su paisaje vegetal característico de los islotes mediterráneos.

Los faros de Tramuntana (norte) y de Llebeig (suroeste) sirven de guía a los navegantes (y tal vez a las aves marinas). De algún modo ambos jalonan la superficie de este pequeño paraíso naturalista largamente reivindicado.

**Parque Arqueológico
del Puig de sa Morisca**

✉ Carrer Puig de sa Morisca,
   17, Santa Ponça. Calvià.
☎ 971 139 100.
🌐 https://visitcalvia.org
🌐 www.illesbalears.travel

Hay que destacar las urbanizaciones de Cas Català, Illetes y Santa Ponça, que a su desarrollo turístico debe añadirse su notable valor histórico, como se puede apreciar al visitar el **parque arqueológico del Puig de sa Morisca** *(talaiot).*

También fue en las playas de Sencelles, antes una desembocadura de torrente con humedales, donde desembarcaron en el siglo XIII las tropas catalanoaragonesas comandadas por Jaime I para conquistar la isla a los árabes: Peguera, la Porrassa, Palmanova, Fornells, Portals Nous, Magaluf, etc. Desde casi todas estas playas salen barcas en excursión por amenos recorridos entre paisajes costeros *(Illots de Malgrats,* por ejemplo).

Los servicios de información turística del Ayuntamiento ofrecen abundante orientación sobre las visitas culturales más importantes del término: **Creu dels Montcades** (recuerda a los caballeros que acompañaron al rey Jaime I en su conquista de la isla y que murieron en campaña), *Sa Caleta* (junto a Santa Ponça, donde desembarcaron las tropas catalanas; festejos de conmemoración entre el 9 y el 16 de septiembre con bailes folclóricos y actos culturales), antiguos predios de Santa Ponça y Valldurgent. En los meses de julio y agosto hay una completa oferta cultural (conciertos, teatro, cine al aire libre...) en Santa Ponça.

**Andratx,** que se asienta en los últimos contrafuertes de la sierra, a poniente, se extiende sobre tres valles recorridos por torrentes. Las callejuelas del pueblo viejo son un pequeño y hermoso laberinto que recuerda vagamente a Ibiza (en concreto, el barrio d'Es Pantaleu, o el de Pou Amunt, con sus paredes enjabelgadas). En la calle de sa Murada permanece el último vestigio de la muralla que rodeaba parcialmente el pueblo en el siglo XV, la **torre de So Na Gaiana.** En la zona más elevada se divisan los viejos molinos de **Sa Planeta** (siglo XVIII). La biblioteca municipal ocupa el antiguo **edificio de la Cúria** (siglo XIX). La **torre de Son Más,** a la salida del pueblo hacia Estellencs, ha sido escenario de la valiente resistencia popular a las frecuentes incursiones de los piratas turcos. En la actualidad es la sede del Ayuntamiento.

También cuenta con el **Centre Cultural Andratx,** un espacio dedicado al arte contemporáneo en el que se realizan exposiciones de alto nivel internacional y los artistas son invitados a trabajar en los estudios del propio centro.

**Camp de Mar** es uno de los rincones más bellos de la costa de Andratx. Tiene un **paseo marítimo**

**Oficina de Turismo
de Andratx**

✉ Av. de la Cúria, 1.
☎ 971 628 019.
🌐 https://visit-andratx.com

**Centre Cultural Andratx**

✉ Estanyera, 2.
☎ 971 137 770.
🌐 https://ccandratx.eu
🕐 De martes a sábado de 11
   h a 18 h.

▲ Port d'Andratx.

desde donde puede uno meterse en el mar cuando le plazca, en roca o arena. Por poniente conserva, junto a la casa donde solía pasar sus vacaciones la modelo alemana Claudia Schiffer, la **torre** o atalaya del *cap Andritxol,* con altos acantilados habitados por vencejos y gaviotas. Y la *caleta de Es Monjo* o *En Monjo,* pequeña y protegida. A ambos lugares se accede solo a pie. Por el oriente, el *cap des Llamp* asegura calma para veleros y lanchas que fondean en la zona.

El **Port d'Andratx** y las playas del pueblo de **Sant Elm,** desde donde puede contemplarse el *islote d´es Pantaleu* y sobre todo la *isla* de *Sa Dragonera,* con abundancia de lagartijas, halcones de Eleonor y gaviotas, fueron en otro tiempo pequeños puertos de pescadores y a la vez centros tradicionales de contrabando de tabaco y otros géneros durante la posguerra.

El pueblecito de **S'Arracó,** antes de llegar a Sant Elm, permite una suave excursión a pie hasta La Trapa (existe otro camino desde Sant Elm). En S'Arracó hay pequeñas casas restauradas de finales del siglo XIX y principios del XX que fueron edificadas por emigrantes regresados de Francia. Alguna de ellas, como **S'Escaleta,** se ha convertido en un pequeño hotel. La excursión a pie hacia **La Trapa** comienza en el aparcamiento a la entrada del cementerio a unos dos kilómetros del centro urbano. La **parroquia de S'Arracó** guarda la imagen del monasterio trapense antes citado, hoy paraje natural protegido,

**Oficina de Turismo
del Port d'Andratx**
✉ Av. Mateo Bosch
(edificio de la Llotja).
☎ 971 671 300.
🖳 https://visit-andratx.com

con una escalofriante vista sobre el mar y Sa Dragonera desde el cap Flabioler (solo accesible a pie).

Desde **Sant Elm** parten diariamente en verano barcas con destino a la mencionada isla. En ella, la ascensión a pie al far de na Pòpia, ya destruido por los rayos y nunca útil por culpa de las abundantes nieblas, es absolutamente recomendable aunque pueda parecer dura.

Desde Andratx, a través de la sierra y por una carretera de curvas que bordea la costa, puede llegarse a **Estellencs** y **Banyalbufar (torre de la Baronía,** del siglo xvi), ambos lugares con sus sorprendentes terrazas de cultivo entre paredes secas *(marges)* levantadas por sus habitantes en su lucha contra la erosión de los suelos en pendiente, y a **Esporles,** antiguo pueblo industrial ya cercano a Palma. En la carretera se encuentran distintos miradores y torres de defensa desde los cuales puede contemplarse a placer la costa brava de la sierra **(mirador de Ses Ànimes, mirador de Ricardo Roca)** así como caminos de descenso hacia calas muy poco frecuentadas: Port des Canonge.

En general, descender a las *calas* citadas, *Port des Canonge, Estellencs, Banyalbufar,* es un agra-

**Ayuntamiento de Estellencs**
✉ Sa Síquia, 4.
☎ 971 618 521.
🏠 https://ajestellencs.net

**Ayuntamiento de Banyalbufar**
✉ Pl. de la Vila, 2.
☎ 971 148 580.
🏠 https://ajbanyalbufar.net

dable y corto paseo a pie, aunque la subida puede resultar fatigosa. Como regla general no es recomendable hacer el trayecto en coche si no es temprano o a última hora de la tarde, a excepción del Port des Canonge, que cuenta con un espacio suficiente para coches y cuya carretera de acceso es más ancha y, para hacerla a pie, demasiado larga.

La visita a la finca y jardines de **Sa Granja** (que perteneció al Císter), a pocos kilómetros de este último pueblo, con degustación de productos típicos y bailes tradicionales (pequeño museo artesano) permite adivinar cómo debía ser en el pasado la vida de los grandes predios de la Serra.

A la pequeña **ermita de Maristella** puede accederse a pie por un sendero que sale de un punto, convenientemente señalizado, situado a pocos kilómetros de la localidad de Esporles en la carretera que asciende de Esporles a Galilea, pueblecito situado en plena montaña con magnífica vista sobre la bahía de Palma.

Si se optara por ir hacia **Puigpunyent**, podrá verse la bella finca de **Son Forteza**, con interesantes jardines, en la cual nacía la acequia que antiguamente surtía de agua a la ciudad de Palma.

◀▲ Banyalbufar está rodeado de un espectacular paisaje. Sus laderas aterrazadas ofrecen una bonita estampa al visitante. Arriba, torre de la Baronía.

Ayuntamiento
de Puigpunyent
✉ Sa Travessia, 37.
☎ 971 614 455.
🖥 www.ajpuigpunyent.net

# Por el sur de la isla. De Portocolom a Llucmajor

Se trata de una excursión por los pequeños puertos entre calas acogedoras y blancas playas del sureste y sur de la isla. Portocolom, puerto natural de Felanitx, mantuvo con Francia un regular e importante comercio del famoso vino de la zona durante el siglo XIX hasta la invasión de la filoxera.

**Oficina de Turismo de Portocolom**
✉ Avda. Cala Marçal, 15.
☎ 971 826 084.

**Ayuntamiento de Felanitx**
✉ Plaça Constitució, 1.
☎ 971 580 051.
🌐 https://felanitx.org

**Oficina de Turismo de Cala d'Or**
✉ Perico Pomar, 10.
☎ 971 657 463.
🌐 http://visitcalador.com

Hoy aparece como un lugar de turismo pero manteniendo su estampa de pequeño puerto de pescadores, con barracas para embarcaciones familiares y pequeñas casas junto al mar, en una bahía de poco calado (**Porto Petro** ofrece la misma estampa, también en una ancha bahía, muy cerrada y protegida).

En **Felanitx** se pueden visitar algún alfar para adquirir las preciosas *gerres brodades* (jarras adornadas), muy finas, y también *olles* y *greixoneres* (cerámica de barro oscuro) más vulgares pero muy tradicionales y aún en uso en todos los hogares de la isla e imprescindibles en la elaboración de algunos platos típicos. En Felanitx se encuentran restos de navetas y talayotes: **Clossos de Can Gaià**. El subsuelo del **castell de Santueri**, que fue alcazaba árabe hasta el siglo XIII, tiene restos de la Edad del Bronce. Fue población con mezquita y con barrio judío (calle d'Es Call) y entró en la modernidad gracias a sus viñedos, aunque luego la filoxera hundió su economía, que no volvió a resurgir hasta la segunda mitad del siglo XX con el turismo.

La **parroquia de Sant Miquel de Felanitx** destaca por su escalinata en la fachada manierista y porque frente a ella se encuentra la popular **fuente de Santa Margalida**. El mercado ocupa lo que antes fuera el hospital, tras la iglesia. Desde el **santuario de Sant Salvador** (carretera de Felanitx a Portocolom) se contempla un magnífico paisaje de la isla entera. También desde el **castillo de Santueri** (en la carretera de Felanitx a Santanyí). En sus muros almenados viven los raros vencejos reales y los ruidosos cernícalos, aves protegidas. El litoral cuenta con playas inolvidables: *cala Ferrera, cala Sa Nau, cala Estreta, cala Mitjana*...

**Cala d'Or** ha sido siempre y es aún uno de los núcleos turísticos más importantes de la isla: fue el primer intento de establecer una urbanización respetuosa con el paisaje, importando el modelo ibicenco para sus chalés. Sus playas son muy conocidas: *cala Gran, cala d'Or, cala Esmeralda, cala Egos.* En *cala Llonga* hay un magnífico puerto deportivo.

La villa de **Santanyí** posee una importante arquitectura popular y algunos alfares de interés. En el interior del pueblo una puerta de muralla, **Sa Porta Murada,** es el único vestigio de una antigua defensa contra la piratería. También deben conocerse la **iglesia parroquial** (XVIII), el **Roser** adyacente (XIV) y la **rectoría.** En la calle Bisbe Verger se encuentran los edificios del **Teatre Principal,** el viejo depósito del agua y uno de los accesos a la casa de cultura **Ses Cases Noves,** con el Centro de Poesía Contemporánea, pues Santanyí ha sido solar de excelentes poetas y narradores como Blai Bonet, Bernat Vidal, Antònia Vicenç y Antoni Vidal. Otro monumento muy popular es **Sa Sínia** o S'Abeurador (abrevadero) en la calle de la Pau.

El **Parque Natural de Cala Montdragó** contiene dos preciosas calas de arena blanca: *S'Amarador* y la *Font de n'Alis.* Por una red de tranquilas y estrechas carreteras muy secundarias puede accederse a diferentes núcleos dependientes del ayuntamiento de Santanyí: **S'Alqueria Blanca, Calonge,** la típicamente marinera **Cala Figuera** con lonja de pescado y pequeño puerto. Desde aquí se embarcaba la conocida *pedra* de Santanyí, muy apreciada por los constructores medievales y renacentistas.

Las extensas playas de la **Colònia de Sant Jordi,** que se unen a las de *Es Trenc* (nudismo) y *Ses Covetes,* en el término municipal de **Campos** (la

**Ayuntamiento de Santanyí**
✉ Plaça Major, 12.
☎ 971 653 002.
🖥 https://ajsantanyi.net

**Centre de Poesia
Contemporània Blai Bonet**
✉ Bisbe Verger, s/n. Santanyí.
☎ 971 163 104.
🖥 www.fundaciocasa
museu.cat

**Parque Natural
de Cala Montdragó
Centro de información**
✉ Carretera de Cala Mondragó
s/n. Santanyí.
☎ 971 181 022.
🖥 www.caib.es
🖥 https://es.balearsnatura.com

◀▼ Cala Llombards
(en la página anterior)
y Cala d'Or (abajo).

repostería de esta localidad es exquisita) son aún un privilegio. Las líneas de dunas, con pinares y sabinares, hoy protegidas (no puede aparcarse en ellas ni pueden penetrar los coches por otros caminos que los asfaltados) cubren una zona húmeda interior, el *Salobrar,* con unas salinas aún en funcionamiento, lugar para interesantes observaciones ornitológicas. Conviene utilizar los aparcamientos al efecto que se hallan en las zonas urbanas del área protegida: Colònia de Sant Jordi, en el extremo oriental de la playa; Sa Ràpita, en el occidental; y Ses Covetes, en el centro.

Desde los muelles de la Colònia de Sant Jordi salen barcas en dirección hacia el **archipiélago de Cabrera** (para grupos reducidos es posible alquilar una barca a algún particular), **parque nacional marítimo-terrestre,** y un paraje natural de microislas totalmente conservado (águilas pescadoras, gaviotas de Audouin, halcones peregrino y de Eleonor, cormoranes, lagartijas endémicas, delfines, etc.). En Cabrera, visitar el **castillo** (del siglo xiv, hoy restaurado) y el **monument als Francesos,** entre pinares, que recuerda la época en que miles de prisioneros franceses de la guerra de Independencia sufrieron en Cabrera un presidio inhumano.

El parque cuenta con dos centros de interpretación: uno en la propia isla otro en **Colònia de Sant Jordi,** con acuario, donde además, entre la moderna urbanización, se encuentran las charcas de unas antiquísimas salinas explotadas por fenicios y romanos. Precisamente las salinas dan nombre al término

## *Els talaiots*

En Capocorb (cerca de Cala Pi, en Llucmajor), en Ses Païsses de Artà y en otros lugares de Mallorca, el visitante verá los *talaiots,* esas raras construcciones megalíticas prehistóricas de cuyo origen, usos y significado se han esbozado numerosas teorías. Sin duda caracterizan el paisaje arqueológico de la isla (de hecho, dan nombre a la cultura de sus primeros pobladores de origen aún desconocido de hace unos 4000 años) y su presencia es frecuente en las zonas de acebuches *(ullastres)* próximas al mar. La planta de los *talaiots* es en general cuadrada o circular; y en su interior una columna central, de una o varias grandes piedras, sostenía un techo vegetal. Se accedía a ellos por entradas situadas a ras de tierra o a media altura, según la tipología. A veces solitarios, a veces en un conjunto amurallado por un recinto de otras construcciones menores, todas de piedra suelta de proporciones ciclópeas, los *talaiots* indican en alguna ocasión un uso como torre de vigilancia *(talaies),* y en otras un significado funerario.

municipal. **Ses Salines** es la imagen del mediodía mallorquín, de ambiente muy seco y soleado, con monte bajo y pinares, algarrobos, almendros, trigo y alternativamente habas. En el territorio del término hay frecuentes restos arqueológicos, especialmente *talaiots:* **Sa Talaia Joana, Els Antigors.**

La costa de Ses Salines retiene las más bellas y extensas playas de Mallorca, sin urbanizar y protegidas: *Es Caragol, Es Dolç, Es Carbó.* Aguas transparentes y arenas blancas; cubierta vegetal de pinos y sabinas. El **faro** del *cap de Salines,* en un ambiente rocoso y aparentemente desolado, permite contemplar una panorámica completa de la zona.

**Llucmajor** fue una localidad industrial dedicada al calzado hasta que llegó el turismo. En el centro del pueblo, llamado el **Quadrat,** destaca el estilo de la construcción de sus casas de una sola planta o dos como máximo en piedra de *marès,* muy sencillas, con arcos en las puertas y en algunos balcones. Además, hay casas modernistas, barrocas (**Can Jaquetó,** en el passeig d'Es Born), neoclásicas (**Ca Ses Xilenes,** en la calle del Bisbe Taixequet) y eclécticas (Ayuntamiento). En la plaza sobresale la fachada del **Ayuntamiento,** con su reloj en lo alto sobre tres hileras de aberturas: balcón corrido y ventanas. En la vieja carretera que llega desde Palma puede verse la **cruz de término** en el mismo lugar donde se dice que los *reis* de Mallorca perdieron su última batalla, y además su reino, ante el pretendiente Pere d'Aragó. Ocurrió en 1349. La **iglesia** neoclásica de **Sant Miquel** es muy alta y algo pretenciosa y su mole se divisa desde la carretera.

En su término, *Cala Pi* es una típica e ineludible cala del sur mallorquín, *migjorn,* que penetra entre altas paredes de caliza cubiertas de pinares y matorrales con una extraordinaria playa de arena fina al fondo de la cala y una **torre** de defensa del siglo XVII en uno de sus cabos.

En la carretera que va desde la Colònia de Sant Jordi hacia el *cap Blanc* (acantilados impresionantes y faro), está el poblado de **Capocorb Vell,** que cuenta con cinco *talaiots* y más de veinte habitaciones. La recia construcción de la finca rústica de Capocorb, junto a los *talaiots,* demuestra que estos predios solitarios en la marina mallorquina debían defenderse de continuos ataques de piratas berberiscos. Prueba de ello son las cuatro **torres** de defensa, *talaies,* que jalonan todavía la costa del municipio de este a oeste, situadas en lugares estratégicos: cap Enderrocat, cap Blanc, cala Pi y punta de S'Estalella.

- - - - - - - -
**Parque Nacional Marítimo Terrestre del Archipiélago de Cabrera.**
**Centro de Visitantes**
✉ Gabriel Roca, s/n, esquina plaça des Dolç. Colònia de Sant Jordi.
☎ 971 176 124.
🖥 www.caib.es
🕙 Visita: de 10 h a 18 h-19 h en verano (la última admisión, una hora antes). Cerrado en diciembre y enero.

**Oficina de Información en el puerto de Cabrera**
☎ 971 176 501.
🕙 Horario de invierno: de 8 h a 14 h y de 16 h a 18.30 h. Horario de verano: de 8 h a 20 h.

- - - - - - - -
**Ayuntamiento de Llucmajor**
✉ Plaça d'Espanya, 12.
☎ 971 660 050.
🖥 https://llucmajor.org

**Oficina de Turismo s'Arenal**
✉ Terral, 23.
☎ 971 669 162.
🖥 http://visitllucmajor.com

# De Algaida a Capdepera por el interior de la isla

Algaida es un sencillo pueblo del interior con marcado carácter agrícola, normalmente solo lugar de paso para el turista que va hacia Manacor (hay algunos buenos restaurantes junto a la carretera), y sin embargo alberga en su término algunas curiosidades dignas de mención y, sobre todo, dignas de recibir una atenta visita.

• • • • • • • •
**Ayuntamiento de Algaida**
✉ Del Rei, 6.
☎ 971 125 335.
🌐 https://ajalgaida.net

Tal es el caso de su pequeña **iglesia de Castellitx,** o **Santa Maria de la Pau,** a unos dos kilómetros del centro, que es una de las más antiguas de Mallorca, siglo XIII, aunque posteriormente ampliada. Cada año en primavera, el Ayuntamiento convoca un popular certamen poético con romería muy animada, incluyendo el notable *ball des cossiers,* caracterizado por su comparsa de hombres vestidos de blanco, con adornos, sobre caballos de baile, y otro disfrazado de *dama,* que al final de la danza vence a un desenfrenado *dimoni.* En el pueblo, la **parroquia de Sant Pere** se inició en el XVI, y las trece imágenes de su retablo son un buen ejemplo de la escultura religiosa de la época. La talla de la Virgen, la *Mare de Déu de la Mamella,* es gótica.

Algunos molinos de Algaida han sido restaurados y convertidos en vivienda: **molí d'en Nofre, molí d'en Xina** (hoy taller y escuela de artistas gráficos y escultores, en la calle de Ribera).

▼ Algaida, típico pueblo del Pla de Mallorca.

En el *puig de Randa,* 543 m, limítrofe con el término de Llucmajor, puede visitarse la cueva en la que según la tradición se refugió Ramon Llull, el gran escritor del Medievo mallorquín, para la redacción de una de sus grandes obras filosóficas, y donde erigió un altar a la Virgen que dio origen al **santuario de la Mare de Déu de Randa,** hoy **Cura.** Allí hubo una Escola de Randa de escritores y traductores lulianos.

En las otras vertientes del monte de Randa hay otros santuarios más humildes como el de **Sant Honorat,** del siglo XIV, y el de **Nostra Senyora de Gràcia,** del siglo XV. Desde el puig de Randa, única elevación en esta zona de la isla, puede verse una espléndida panorámica del Pla de Mallorca. Los viñedos se expanden poco a poco en estos pequeños valles recuperados por pioneros como Andreu Majoral con bodega en la calle del Campanar.

Para ir a **Montuïri** debe tomarse uno de los desvíos indicados en la carretera a Manacor. En este pueblo, edificado sobre una colina ya en el siglo XIII, es también tradicional el *ball des cossiers* durante las fiestas patronales veraniegas. En la **iglesia** parroquial de **Sant Bartomeu,** del siglo XVI, con añadidos y restauraciones posteriores, destaca el empedrado sobre el que se asienta: *Els Graons* (los peldaños) y la rectoría con partes del siglo XIV. Es interesante un retablo original de la época del pintor valenciano Mateu Llopis o López.

En el pueblo se conservan **molinos de viento** y algunas notables **cruces de término** de tradición gótica: la de **Son Rafel Más** (calles Pou del Rei y Sa Torre), la de **ca ses Monges** (Pou Nou y carretera a Palma), la de **les Tres Creus** (en la plaza del mismo nombre). Datan de los siglos XVI a XVIII. Estas cruces servían, además de señalar particiones municipales, de lugar de encuentro o para la realización de ciertos actos religiosos tradicionales (bendición de frutos en mayo, por ejemplo). En la calle del Pou del Rei se conserva aún el pozo rústico que da nombre al lugar. A 2,5 km del pueblo se halla el poblado *talaiótico* de **Son Fornés,** con muralla de grandes piedras, dos *talaiots* y algunas viviendas. Su centro de interpretación y pequeño museo se ubica en el **Molí des Fraret.**

**Vilafranca de Bonany** es el lugar ideal para las compras gastronómicas. En muchos portales de casas que dan a la misma carretera los vecinos han dispuesto tenderetes de marcado carácter popular donde es posible adquirir productos agrícolas o artesanos; sobre todo melones, ajos en ristras,

**Ayuntamiento de Montuïri**
✉ Plaça Major, 1.
☎ 971 644 125.
🌐 www.ajmontuiri.net

**Museu Arqueològic de Son Fornés**
✉ Emili Pou, s/n. Montuïri.
☎ 971 644 169.
🌐 https://sonfornes.mallorca.museum

**Ayuntamiento de Vilafranca de Bonany**
✉ Plaça Major, 1.
☎ 971 832 107.
🌐 https://ajvilafrancadebonany.net

## Rondalles, gloses, codolades...

Es imperdonable describir la isla sin mencionar su rica tradición oral en lengua catalana: *rondalles* o cuentos maravillosos; *gloses, codolades* y romances y piezas de teatro popular, de representación obligada en fiestas religiosas o civiles. Así las anónimas *Adoració dels reis* o *Els pastorets* que reproducen por Navidad, en plazas o en atrios de iglesia, la adoración de los Reyes Magos y de los pastorcillos en Belén; o Sa Colcada, en la Festa de S'Estendart, el 31 de diciembre, una sensible poesía de Pere d'Alcàntara Penya que idealiza con nostalgia la ciudad antigua, y que recita cada año una poetisa conocida en la misma plaça de Cort, después de la conmemoración de la conquista de Palma por el *rei en Jaume*... Es sobrecogedor el *Cant de la Sibil.la,* una enigmática profecía medieval sobre el futuro del hombre y del mundo y que canta un niño o una mujer desde el púlpito de la catedral o de las más modestas iglesias de barrios y pueblos. En los *glosats* de una noche de fiesta patronal (Sant Joan, Sant Antoni...) la sociedad mallorquina vierte toda su ironía y su vitalismo: un ama de casa, un padre de familia, cualquiera, las improvisa y las recuerda de un fondo folclórico muy bien conservado, incluso las de corte erótico o escatológico. Las narraciones, en fin, recogidas por el notable lingüista Antoni M. Alcover a finales del siglo XIX, constituyen un cuerpo cuentístico de valor universal reconocido bajo el título de *Aplec de rondaies mallorquines d'en Jordi d'es Recó,* todavía hoy un *best seller* en las librerías de Mallorca.

tomates (*tomàtigues de ramellet),* pimientos picantes (*prebes de cirereta),* albaricoques, embutidos, buñuelos... Los bordados de Vilafranca son también muy conocidos, especialmente los de Majorica, en la calle de Sant Martí, 4. La **iglesia** parroquial de **Santa Bárbara** es un típico templo de XVIII, aunque su crucero y ábside sean añadidos de los años treinta del pasado siglo. El día de la patrona, en la plaza mayor, el ayuntamiento invita a buñuelos a todos los visitantes en una fiesta muy popular. Por fin, en la calle de Porreres, ya pasada la salida de Vilafranca, se levanta la **finca** señorial de **Sant Martí** que fue, se dice, prisión en el siglo XIV.

A unos escasos 4 km de Vilafranca merece una visita **Petra**, patria chica de fray Junípero Serra, único español con estatua en el Capitolio de Washington, pues a él se debe la fundación de las misiones de la costa de California sobre las que crecieron las ciudades de San Francisco, San Diego, Los Ángeles y otras. Casa natal en la calle Barracar Alt. Petra cuenta también con interesantes **bodegas** entre las que cabe citar las de Miquel Oliver, calle Font, calle Convent, 10 y camino de Son Reixac. La **iglesia parroquial de Sant Pere** muestra un ingenuo Belén.

**Ayuntamiento de Sant Llorenç des Cardassar**
✉ Plaça del Ajuntament, 1.
☎ 971 838 393.
🌐 www.santllorenc.es

Dejando atrás Manacor se llega a **Sant Llorenç des Cardassar,** pueblo básicamente agrícola como los anteriores que, no obstante, ha conseguido un espectacular desarrollo gracias al turismo en sus zonas costeras de s'Illot, cala Millor, Sa Coma (está aquí el espacio natural protegido de *Sa Punta de n'Amer* en el que se conserva un bella **torre** de defensa del siglo XVI). En **s'Illot** puede visitarse el **poblado** talayótico del mismo nombre del siglo XI a. C.

Uno de los rasgos paisajísticos de la península de Artà, en el extremo nororiental de la isla, es la existencia de garrigas con abundante palmito *(garballó)*; nos indica el sentido de su más peculiar producción artesanal: el trenzado de esta fibra vegetal *(llatra)*

▲ Cala Mesquida (arriba) y Cala Ratjada (abajo).

• • • • • • • • • •

**Poblado talayótico de s'Illot**
✉ Llebeig, 3.
☎ 971 811 475.
🖥 https://visitatalaiotsillot.com

▲ Iglesia y castillo de Artà.

● ● ● ● ● ● ● ●

**Oficina de Turismo de Artà**
✉ L'Estel, 4.
☎ 971 829 778.
🌐 www.artamallorca.travel

● ● ● ● ● ● ● ●

**Museu Regional de Artà**
✉ L'Estel, 4.
☎ 971 829 778.
🌐 https://visitarmuseo.com/
fundacion-museo-regional-
de-arta

● ● ● ● ● ● ● ●

**Poblado talayótico**
**Ses Païsses**
✉ Camí de sa Corballa, s/n.
☎ 619 070 010.
🌐 www.artamallorca.travel

y la elaboración de cestas, sombreros, *estormies* (a modo de sillones tradicionales), abanicos, etc. Aún viven maestros artesanos capaces de mantener una notable producción. Sus talleres son conocidos por los vecinos de la localidad de Artà, que generosamente darán la información necesaria para encontrarlos.

La península de Artà se ha mantenido por años al margen de las tradicionales rutas turísticas y por eso equivale a una pequeña reserva de paisajes y costumbres. La *festa de Sant Antoni* es muy vistosa (17 de enero) con procesión de animales: *Ses Beneïdes*. Sus playas, casi idílicas, **cala los Cans, cala Mata,** al pie del Massís d´Artà, forman un conjunto casi ininterrumpido con las de Capdepera, más al este: **cala Mesquida, cala Torta, cala Matzocs, cala Agulla,** con bellas y muy bien conservadas dunas.

A la **talaia Moreia,** torre de defensa situada en el cap de Ferrutx, puede accederse a pie. También a la **torre de Son Jaumell,** sobre cala Mesquida. Los incendios forestales, muy frecuentes en los últimos años, dañan los escasos, pero ricos, pinares de la zona. En este sentido se debe mantener las máximas precauciones y evitar acampadas o fuegos.

Toda esta zona está comprendida en el **Parc Natural de Llevant** y cuenta con senderos señalizados de pequeño recorrido. Interesante lugar para la observación de rapaces migrantes en primavera y otoño. Al norte, en el horizonte: Menorca.

En **Artà,** pueblo recogido al pie del puig de Sant Salvador d´Artà, se conserva parte de la primitiva fortificación, **S'Almudaina,** que data del siglo XIII. El **Museu Regional,** fundado en 1928, contiene materiales de historia natural, de etnología y de arqueología diversos procedentes de excavaciones en el propio término municipal, rico en monumentos megalíticos (el conjunto de **talaiots de Ses Païsses,** siglos VIII-II a. C. a la salida del pueblo hacia Capdepera después de la abandonada estación del ferrocarril, constituye la mejor muestra de ello). En el museo destacan las pequeñas figuras en bronce de guerreros con escudo y lanza. Pionero en ofrecer información detallada de las propias riquezas monumentales y artísticas, el Ayuntamiento de Artà recomienda dos **itinerarios** por la villa: **dels senyors** (de los señores y nobles) y **dels menestrals** (de los artesanos y gente humilde). El primero, en torno al Ayuntamiento, pasea por las calles de Antoni Blanes, Pou y vecinas, para ver caseríos imponentes en la siempre reducida dimensión local: **Can Marquès, Can Cardaix, Can**

▲ Vista de Capdepera.

**Sureda.** Suelen tener portales y ventanas resaltadas además de escudos de piedra que certifican su alcurnia.

Al comenzar los 180 peldaños de acceso a **Sant Salvador,** en cuyo recinto se celebra el *Davallament de Crist* el Viernes Santo, se encuentra *Can Epifanio,* hoy hotel. El Artà de los artesanos y de la gente humilde se presenta en las calles de la Puresa, de los Quatre Cantons (cuatro esquinas), la escala del Mal Pas. La **parroquia de la Transformación** es de una sola nave construida entre los siglos XVI y XIX.

En **Capdepera** la visita a las mal llamadas **Cuevas de Artà,** en el cap Vermell, es imprescindible. En sus galerías de estalactitas y estalagmitas se inspiró el venerado poeta mallorquín Miquel Costa i Llobera (1854-1922) para redactar una de sus principales composiciones: *La deixa del geni grec.* Es una villa fortificada durante el siglo XV, época de la que aún permanecen las **murallas** restauradas y el **castell de Capdepera.**

**Cala Ratjada** y la playa de **Canyamel** (en el extremo de cuyo cabo se encuentra la almenada y recia torre dels Montsó, conocida como **torre de Canyamel,** que antes defendía la cala de rapiñas de piratas, son las zonas turísticas más reconocidas del municipio. Acantilados, calas y playas adornan una costa aún virgen en muchos tramos.

**Oficina de Turismo de Capdepera**
✉ Centre, 9.
☎ 971 556 479.
🌐 https://visitcapdepera.com

**Cuevas d'Artà**
✉ Cap Vermell.
☎ 971 841 293.
🌐 www.cuevasdearta.com
🕐 De mayo a octubre de 10 h a 18 h; de noviembre a abril de 10 h a 17 h.

**Castell de Capdepera**
☎ 971 818 746.
🌐 www.capdeperacastell.com

# El escarpado centro de la sierra Norte

Olvidado por la magnífica impresión que produce su costa brava, el centro de la sierra ofrece, además de Lluc, otros lugares de visita imprescindible e igualmente atractivos. Así, desde Palma, por la misma carretera que conduce a Sóller, puede llegarse a las fincas de Raixa y de Alfàbia, antes y después respectivamente del cruce de esta carretera con la que lleva a Bunyola.

▼ Detalles de los jardines de Raixa y Alfàbia.

**Raixa,** que perteneció a los condes de Montenegro y al cardenal Despuig, personajes de la historia mallorquina en el siglo XVIII, es nombre de origen arábigo, y sus jardines contienen una monumental escalera de traza muy delicada, con juegos de gárgolas y esculturas diversas. La logia abierta en la fachada italianizante de la casa, un verdadero palacio de montaña, es una pieza extraordinaria en la arquitectura rústica de Mallorca. Igualmente notable es el gran estanque en el centro del pequeño parque silencioso.

**Alfàbia** es otra gran casa palaciega de la sierra con una *clastra* (patio de acceso) digna de estudio y contemplación. La fachada es un imponente añadido barroco a la estructura antigua. Los jardines (pueden visitarse) constituyen un bello paraje de reposo con ornamentación inglesa en un sector y, en otro, más auténtica, hispano-árabe, con acequias, surtidores y aljibes que permiten refrescantes juegos de agua.

La carretera a **Bunyola** (donde también hace parada el tren de Sóller) típico pueblo de montaña situado entre valles y crestas de sierra no lejanas *(serra d'Alfàbia,* 1067 m, identificable por las instalaciones de televisión y telefonía) permite el acceso al vall d'Orient, bello rincón resguardado de la montaña mallorquina con pinares muy densos y con un pequeño núcleo de población.

En el trayecto se pasa junto a grandes fincas de antiguo olivar, de propiedad privada y para cuyo acceso es necesario solicitar autorización: **Comasema** con *clastra* fortificada del siglo XVIII, y **Solleric.** En ellas aún es posible observar los antiguos instrumentos para la obtención del aceite virgen de oliva (en alguna de estas fincas durante la estación de recogida de la oliva llegaban a reunirse en el pasado

▲Jardines de Alfàbia.

más de trescientas *collidores,* mujeres recogedoras del fruto del olivo); las almazaras, *trulls,* que son hoy una reliquia.

En la **iglesia de Bunyola,** construida a partir de 1740, barroca, se conserva una bella imagen en alabastro de la Virgen de las Nieves del siglo XIV. Las calles de Bunyola tienen nombres muy populares: del Pi, de la Lluna, de l'Aigua, y alguno como el carrer de Sa Comuna hace referencia a la gran riqueza antigua de la localidad: su comuna forestal, por la cual los excursionistas encontrarán una variada red de senderos de pequeño recorrido, siempre con vistas sobre el llano de Mallorca, y al fondo hacia el sur la bahía de Palma. Las casas y calles son estrechas y apretadas, como apoyándose una con otra, especialmente en la calle Orient. En las afueras, numerosos chalés regionalistas y de otros estilos de la primera mitad del siglo XX: Sa Torreta, Villa Teresa, entre olivares, pinares y crestas de monte bajo.

Encerrado entre montañas el valle de **Orient** propicia un cierto retiro espiritual, invita al paseo entre los encinares, al descanso entre sombras. La pequeña **iglesia** dedicada a **Sant Jordi** (en los portales de muchas casas de este pequeño pueblo hay azulejos con escenas de la lucha de este san-

• • • • • • • • •

**Ayuntamiento de Bunyola**
✉ Sa Plaça, 4.
☎ 971 613 007.
🖥 www.ajbunyola.net

to con el dragón), con curiosidades históricas, fue alzada en 1796, será mostrada con orgullo por el párroco del lugar. *L'Hermitage* es un hotel de solera en la sierra de Mallorca, solitario entre montañas, en plena naturaleza.

Desde Orient, la misma carretera que viene de Bunyola conduce a **Alaró.** El viejo y derruido **castillo** roquero se sitúa en la cumbre plana del *puig d'Alaró* (822 m). Hasta allí el camino está asfaltado y señalizado a unos 500 m de la salida del pueblo. Solo el último tramo debe realizarse a pie por un sendero empedrado. Hay servicio de hospedería y restaurante, además de una capilla a modo de pequeña ermita. Tanto el camino como la hospedería forman parte de la infraestructura del GR 221 o sendero de Gran Recorrido por la sierra de Mallorca, Ruta de Pedra en Sec.

El castillo, del siglo XIII, fue escenario de luchas cruentas entre los partidarios de Jaime II y de Alfonso de Aragón, con anécdota de héroes locales incluida (Cabrit i Bassa, que prefirieron ser torturados y quemados antes que traicionar a los suyos). Las ruinas se reducen a un viejo portal apuntado, unos lienzos de muro y un aljibe. La panorámica de la Serra de Tramuntana desde este lugar es soberbia. Otro tanto la que se vislumbra hacia el levante, zona

**Ayuntamiento de Alaró**
✉ Plaça de la Vila, 17.
☎ 971 510 000.
🌐 https://ajalaro.net

del *raiguer* (bajas laderas de la montaña) y llano de la isla, hasta la ciudad de Palma. A lo lejos, en días claros, se descubre incluso la silueta de la isla de Cabrera sobre el mar brillante.

**Puig de S'Alcadena** o de Son Cadena (817 m), gemelo del puig d'Alaró, es donde se encuentra el *talaiot* de **Claper dels Gegants.** Montaña con fama de ser lugar de brujas y guardar recuerdos de la Inquisición. En la misma zona, en el monte llamado **puig de sa Bastida** quedan restos de una fortaleza menor probablemente romana.

Volviendo a Alaró, son muy populares sus **barrios de los d'Amunts** y de **Ses Rotes,** con casas de piedra. En la calle Sant Vicenç Ferrer está el nuevo **Teatro,** con unos sugerentes murales de Menéndez Rojas. No debemos olvidar que en esta localidad hubo la primera fábrica de electricidad de la isla en 1901. Todavía permanece en pie su modesta torre, **torre de la Llum,** en la avenida de la Constitución, una pieza de arqueología industrial.

Amantes de festejos, los *alaroners* han recuperado sus *Cossiers,* y han creado una compañía de *Diables* (demonios) y varios gigantes que desfilan y danzan en las *fiestas de Sant Roc* y de *Sant Pere.* Los sábados por la mañana, mercado en la plaça de l'Ajuntament.

▼ Castillo de Alaró.

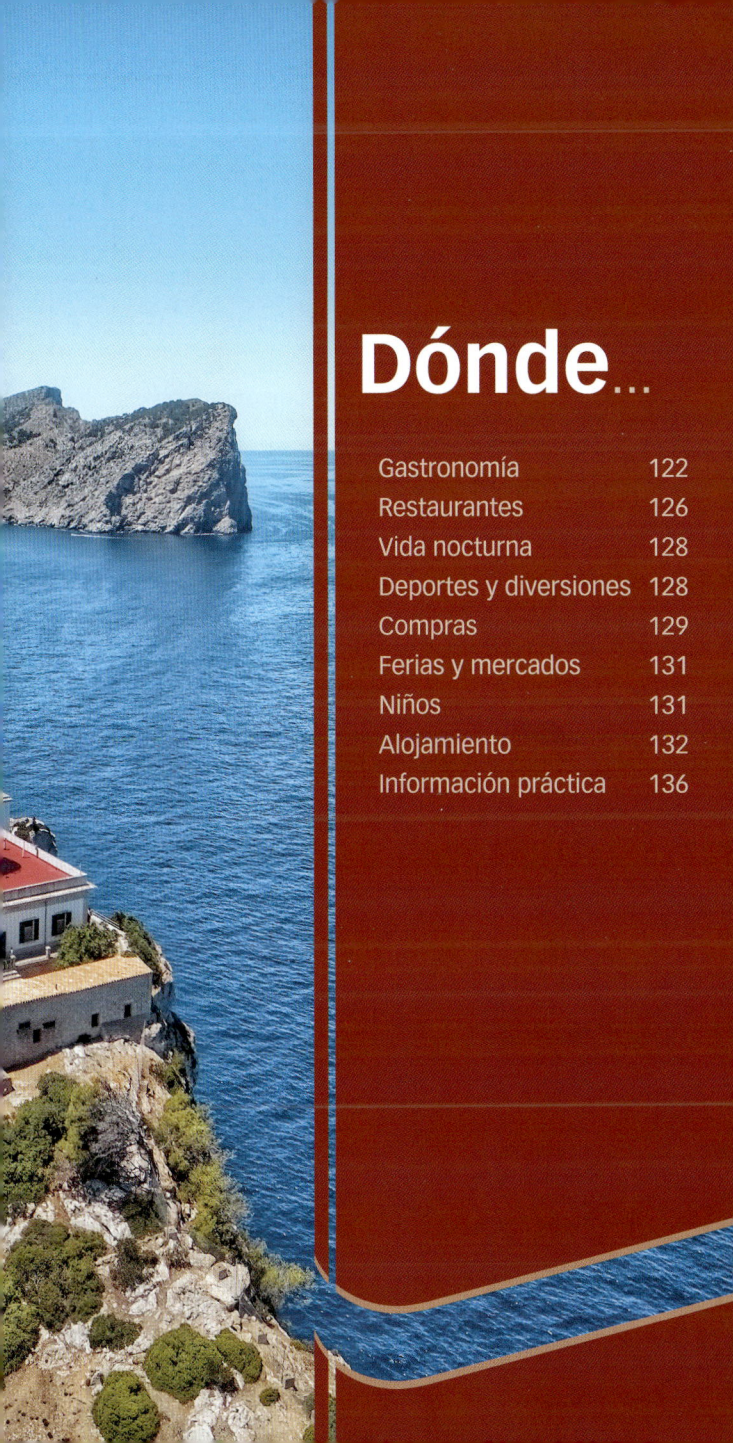

# Dónde...

# GASTRONOMÍA

La cocina de Mallorca está condicionada por las aportaciones de los pueblos que, a lo largo de la historia, fueron dejando su huella en la isla. Gracias al recetario romano de Apicio se sabe de la tradición milenaria de algún plato como la ensalada de achicorias silvestres a la vinagreta o la leche frita. Se sabe, gracias al libro luliano *Proverbis del tronc vegetal,* de la alimentación en la Edad Media, que árabes y judíos marcaron el rumbo en la gastronomía durante este período: la empanada pascual, a base de pasta ácima y cordero, denuncia su procedencia hebrea y lo delicado de la repostería obliga a pensar en el legado árabe. Si bien la cocina balear también tendría posteriormente influencias italianas, francesas...

### ▌Sopas

Algo absolutamente arraigado en la cocina mallorquina son las sopas. La tradición de este plato se remonta a la época medieval y Ramon Llull las cita. Más tarde el archiduque Luis Salvador de Austria les dedica amplios comentarios en *Die Balearen.* Las hay elaboradas con finas rebanadas de pan, aceite de oliva, verduras del tiempo, pimentón, sofrito de ajo, cebolla y tomate, son las *sopes bullides* y las *sopes escaldades* o *solleriques* que gozan de una gran popularidad. También hay sopas que no son de pan viejo o moreno sino de pasta, *pastes menudes (estrelletes, rotlets, lletres...)* y *pastes grosses (macarrons, burballes, fideus...)* que llegaron de Italia antes del siglo XVII y aparecen en diversos recetarios y libros de cuentas conventuales. Son típicas la sopas de fideos, una llamada *cabridela* que se prepara con cordero y es propia de la vendimia, y otra la sopa torrada con carne, apio y frutos secos que se cocina en Navidades en la Serra de Tramuntana.

### ▌Carne

Hay referencias en libros del siglo XVII al lechón asado *(porcela rostida)* o *al capó al Rei en Jaume,* capón asado que, en las viejas casas señoriales, era servido con relleno de manzana, pasas, piñones y batata de Málaga.

También son muy apreciados los platos a base de carne como el guiso de cordero con granada, la perdiz con col, la lengua con alcaparras, la perdiz asada y el asado de ternera.

### ▌Pescado

Es sabido que en una isla el pescado es uno de los ingredientes básicos de la buena mesa. Así, es tradicional en Mallorca el bacalao al estilo del país, el escabeche, la cazuela de pescado, los calamares rellenos, la caldereta de langosta, el mero o dentón a la parrilla o al horno, lenguados, lampuga con pimientos, croquetas o *raoles de jonquillo* o el jurel frito con salsa de tomate.

### Salsas

Esta especialidad forma parte de lo más singular en la gastronomía mallorquina. Se preparan con almendras o con piñones; también hay salsa de pescado, salsa de ciruelas, salsa de almejas, salsa de perejil, salsa provenzal... y la conocida *allioli*. Ya en el siglo XIV el escritor mallorquín Anselm Turmeda en su *Disputa de l'ase* enumera un sinfín de ellas, en buena parte perdidas en la gastronomía actual.

### Aceite de oliva

La imagen típica de los paisajes serranos en Mallorca es la de sus olivos de tronco atormentado frente al mar en terrazas de cultivo sobre *marges* (paredes de piedra). La producción aceitera en Mallorca se remonta a la Edad Media, cuando llegó a usarse como moneda para comprar trigo, y seguramente sobre una tradición mediterránea anterior (fenicios y griegos). Aunque se diga que los olivos mallorquines son milenarios, en su más alto porcentaje son solo centenarios. El aceite de oliva mallorquín virgen, dulce y picante, es adecuado para las ensaladas, el popular *trempó* de verano y el típico *pa amb oli* con aceitunas, alcaparras e hinojo marino en vinagre. Las variedades de oliva son generalmente arbequina y mallorquina.

La cultura del aceite ha dejado huella en las grandes *possessions* que conservan almazaras, prensas y depósitos: S'Estorell (Lloseta), Solleric (Bunyola) o Comassema (Orient). Además, las terrazas con esos olivos que han inspirado a poetas locales (Josep Lluís Ponç i Gallarça) o extranjeros (Robert Graves) y pintores son omnipresentes a lo largo de toda

### Embutidos

Entre los embutidos destaca la *sobrassada*, de origen medieval. De ello tenemos constancia a través de un curioso texto culinario de Enrique de Villena (1384-1432). Con ella se adornan cocas y ensaimadas, usándose también como ingrediente en platos muy diversos. Igualmente buenos, aunque no gozan de tanto renombre, son los llamados *botifarrons*, especie de morcilla de carne, tocino, piñones y especias, y la *llonganissa*, de pasta más suave que la *sobrassada* pero muy parecida a esta.

la sierra norte. Varios son los productores de este aceite, de primerísima calidad, que cuenta con la garantía de una denominación de origen.

## ▍Repostería

Si hay algo verdaderamente único en la cocina mallorquina es la repostería. Hay manjares tan especiales como la coca de verduras, de espinacas, acelgas y a veces de arenques, o la *coca de trempó* recubierta con ensalada de tomate, pimiento y cebolla, o la *coca de pebres vermells* decorada con finas tiras de pimientos morrones asados... cocas que recuerdan, por su forma y elaboración, a la *pizza* italiana.

También dentro de la repostería están los *coixins,* pasteles en forma de almohadón; las *esses* de pasta de hojaldre; las *cocas de raissons;* o el famoso *gató* elaborado a base de almendra.

Además hay pastelillos de hojaldre llamados *doblegats* o las empanadas de cuaresma, de pescado o guisantes; los *crespells* (pastas en forma de corola, estrellas de David, corazón, etc.); los *robiols* (medias-lunas rellenas de requesón, confitura o cabello de ángel y decoradas con yema de huevo), los *cocarrois* (especie de empanadillas de pasta muy blanda y borde trenzado que se puede rellenar con acelgas, pasas y piñones). O el *flaó,* postre de queso tierno del cual nos habla Ramon Llull en *Blanquerna.* Y la popular ensaimada, con o sin relleno, elaborada con manteca de cerdo. Por otra parte, algunas poblaciones de la isla tienen sus especialidades: Inca ha dado nombre a sus galletas saladas y se enorgullece de

sus bizcochos y *concos;* Valldemossa se distingue por sus *cocas* de patata y el pastel bizcocho de *pade'n Pon;* Sineu puede ofrecernos sus sabrosas rosquillas y los *congrets.*

## ∎ Helados

Se elaboran con diferentes ingredientes como la almendra cruda o tostada. También hay helados de receta decimonónica que han arraigado en la gastronomía isleña como es el de azahar, el de higo chumbo, el de albaricoque, el de yemas, el de peras de agua.

## ∎ Vinos

Mallorca cuenta con dos denominaciones de origen, Binissalem y Pla i Llevant, y tres indicaciones geográficas: Vino de la Tierra de Mallorca, Vino de la Tierra Serra de Tramuntana-Costa Nord y Vino de la Tierra Illes Balears. La primera regula la producción de Binissalem, Consell, Sencelles, Santa Maria y Santa Eugènia, tintos de fuste y blancos suaves entre los que destacan los de José Luis Ferrer (Binissalem), *Vinya Taujana* (Santa Eugènia), Ramanyà, Macià Batle y Jaume de Puntiró (Santa Maria), Ca Sa Padrina (Sencelles). La segunda controla la producción del este insular: Algaida, Petra, Felanitx, Manacor, Porreres. Las principales bodegas son las de Can Majoral (Algaida), Can Coleto y Miquel Oliver (Petra), Pere Seda y Antoni y Miquel Gelabert (Manacor). Armero i Adrover produce en Felanitx un excelente blanco envejecido en barrica.

En cuanto a la producción de la Serra de Tramuntana-Costa Nord, nueva y muy atrevida, tiene marcas con gran proyección: Es Verger (Esporles), Son Puig (Puigpunyent), Divins (Selva) o Mortitx (Escorca), este último en un intento exitoso de recuperar la *malvasia,* una variedad local que da lugar a un vino blanco dulzón. Normalmente, las cantidades producidas son escasas, pero de una gran calidad. Debe recordarse en este sentido que la producción de vino en Mallorca fue importante en el siglo xix hasta el extremo de exportarlo en grandes cantidades a Francia. La filoxera frustró tal comercio.

Las variedades usadas son las típicas externas, *cabernet, syrah, tempranillo,* pero también se produce vino con variedades locales como *callet, moll, mantonegro* o, recientemente, *gargollosa.* El tinto es denso, aunque equilibrado. El blanco, afrutado y ligero. En las oficinas de turismo de Mallorca se da información sobre diferentes rutas del vino, con visitas a las principales bodegas.

## ∎ Licores

Son varias las destilerías que elaboran amplias gamas de productos, generalmente ubicadas en Marratxí, Bunyola, Santa María del Camí, Manacor y Llubí. El licor más típico es el *palo,* aperitivo quinado muy dulce.

El palo dispone de un sello o denominación geográfica de calidad. También se sujetan a esta garantía las populares *herbes* (hierbas), licor de anís en cuyo seno han macerado diferentes combinaciones de vegetales aromáticos silvestres.

Las *herbes* pueden ser *dolces, seques* y *mesclades.* No obstante, en muchas familias de Mallorca es tradicional, durante el mes de mayo, recoger los brotes y flores de la receta propia y elaborar para consumo en el hogar las *herbes de maig,* que deben macerarse unos tres meses en un lugar tranquilo y sin luz.

# Restaurantes

## PALMA

### Ca'n Manolo
- ✉ Federico García Lorca, 4.
- ☎ 971 912 591.
- 🖥 www.restaurante
  canmanolo.com
- 🍽 Precio medio: 45 €.

Cocina marinera y mallorquina. Mariscos.

### Es Vi
- ✉ Raixa, 2. Urb. Son Vida.
- ☎ 971 493 493.
- 🖥 www.restaurant-esvi.com
- 🍽 Precio medio: 60 €.

Cocina creativa contemporánea en el lujoso castillo hotel Son Vida.

### Xoriguer
- ✉ Fábrica, 60.
- ☎ 971 288 332.
- 🖥 www.restaurante
  xoriguer.com
- 🍽 Precio medio: 54 €.

Cocina creativa. Amplia bodega.

### Club Nàutic Arenal
- ✉ Roses, s/n.
- ☎ 971 440 427.
- 🖥 www.cnarenal.com
- 🍽 Precio medio: 45 €.

Pescado fresco elaborado con recetas tradicionales de la Isla.

### Ca'n Eduardo
- ✉ 3ª Travesía
  Contramuelle.
- ☎ 971 721 182.
- 🖥 https://caneduardo.
  com
- 🍽 Precio medio: 40 €.

Establecimiento de gan solera situado en los muelles de pescadores. Cocina marinera.

### Caballito de Mar
- ✉ Passeig de Sagrera, 5.
- ☎ 971 721 074.
- 🖥 https://
  caballitodemar.com
- 🍽 Precio medio: 35-40 €.

Restaurante famoso por su cocina marinera. Frente al mar y junto al gótico edificio de la Lonja.

### De Tokio a Lima
- ✉ Sant Feliu, 1.
- ☎ 871 592 002.
- 🖥 https://detokioalima.
  com
- 🍽 Precio medio: 40 €.

Restaurante del hotel Can Alomar. Sobre el passeig del Born, en un edificio histórico.

### Ombu
- ✉ Passeig del Born, 5-7.
- ☎ 971 214 387.
- 🖥 https://ombupalma.
  com
- 🍽 Precio medio: 35 €.

Tapas creativas.

### Portixol
- ✉ Sirena, 27.
- ☎ 971 271 800.
- 🖥 www.portixol.com
- 🍽 Precio medio: 40 €.

Cocina mediterránea innovadora en un agradable local junto al mar. Buena bodega. También hotel.

### Es Baluard
- ✉ Plaça Porta de Santa
  Catalina, 10.
- ☎ 871 234 954.
- 🖥 www.esbaluard.org
- 🍽 Precio medio: 40 €.

Restaurante del museo Es Baluard, en la zona arqueológica del baluarte de Sant Pere. Cocina mallorquina de calidad. Buena carta de vinos. Ambiente acogedor.

### Lume & Co
- ✉ Camí dels Reis, 64.
- ☎ 971 104 295.
- 🖥 www.lume
  restaurante.com
- 🍽 Precio medio: 45 €.

Situado en una possessió fortificada del siglo XVIII. Buen ambiente. Cocina mallorquina tradicional.

### Celler Sa Premsa
- ✉ Plaça del Bisbe
  Berenguer de Palou, 8.
- ☎ 971 723 529.
- 🖥 www.cellersa
  premsa.com
- 🍽 Precio medio: 20 €.

Tradicional restaurante de cocina mallorquina abierto al público desde 1958. Excelente lugar para reuniones de grupos.

## RESTO DE LA ISLA

### Alcúdia

#### Can Costa
- ✉ Sant Vicenç, 14.
- ☎ 971 545 394.
- 🖥 www.cancosta
  alcudia.com
- 🍽 Precio medio: 30 €.

Cocina mallorquina típica.

#### Fonda Llabrés
- ✉ Plaça Constitució, 6.
- ☎ 971 545 000.
- 🖥 www.restaurante
  fondallabres.com
- 🍽 Precio medio: 25-35 €.

Comida casera y dulces de elaboración artesanal. Tapas y pizzas. Carne como especialidad.

### Algaida

#### Ca'l Dimoni
- ✉ Ctra. Palma-
  Manacor, km 21.
- ☎ 971 665 035.
- 🍽 Precio medio: 25 €.

Antiguo hostal de postas. Platos recomendados: sopas mallorquinas, embutidos. Vinos de la isla.

#### S'Hostal d'Algaida
- ✉ Ctra. de Manacor, 21.
- ☎ 971 665 109.
- 🍽 Precio medio: 25 €.

Cocina tradicional mallorquina: *sopes mallorquines, tumbet,* croquetas de rape y espinacas...

### Andratx

**Miramar**
- ✉ Av. Mateu Bosch, 18. Port d'Andraxt.
- ☎ 971 671 923.
- 🖥 https://miramar deguliano.com
- 🍽 Precio medio: 50 €.

Elaboraciones sencillas pero exquisitas de cocina marinera. Arroz negro con sepia, dorada a la sal y pierna de cordero están entre sus mejores platos.

**Na Caragola**
- ✉ Av. de Jaime I, 23.
- ☎ 971 239 006.
- 🖥 www.restaurantena caragola.com
- 🍽 Precio medio: 40 €.

Buena opción de cocina marinera en una privilegiada terraza sobre la línea de mar.

### Binissalem

**Terra di Vino**
- ✉ Sa Creu, 3.
- ☎ 871 910 226.
- 🍽 Precio medio: 25 €.

Exquisito restaurante italiano donde no elaboran pizzas, sino platos italianos a base de ensaladas, carne y pescado. Excelente bodega.

### Bunyola

**Can Penasso**
- ✉ Ctra. Sóller, km 14,8.
- ☎ 971 613 212.
- 🍽 Precio medio: 30 €.

Antigua casa de postas que data de 1875. Tiene parque infantil, piscina e instalaciones deportivas.

### Calvià

**Mesón Son Caliu**
- ✉ Av. Son Caliu, 1. Palmanova

- ☎ 971 680 086.
- 🖥 https://mesonsoncaliu.es
- 🍽 Precio medio: 25 €.

Ubicado en una antigua casa de labor, típica mallorquina, que data de 1568. Cocina mediterránea y mallorquina.

**Ritzi**
- ✉ Ctra. Vella, 9.
- ☎ 971 684 104.
- 🖥 www.ritzigroup.com
- 🍽 Precio medio: 50 €.

Restaurante italiano con influencias mediterráneas. Frente al mar.

### Capdepera

**Bistró Senzill**
- ✉ Ctra. Cala Mesquida, km 1.
- ☎ 971 565 910.
- 🖥 https://bistrosenzill.com
- 🍽 Precio medio: 60 €.

Restaurante del Hotel Son Jaume, dirigido por el galardonado chef Andreu Genestra.

### Deià

**Sa Vinya**
- ✉ Vinya Vella, 4.
- ☎ 971 639 500.
- 🖥 www.restaurant-savinya.com
- 🍽 Precio medio: 30-45 €.

Preciosa terraza con estupendas vistas de la sierra. Platos de cocina mediterránea y trato excelente.

### Inca

**Celler Can Amer**
- ✉ Miners, 4. Lloseta.
- ☎ 971 501 261.
- 🖥 www.celler-canamer.es
- 🍽 Precio medio: 40 €.

Celler mallorquín, excelente cocina con platos tradicionales de la isla con un toque de modernidad. Vinos y licores del país.

**Can Ripoll**
- ✉ Jaume Armengol, 4.
- ☎ 971 500 024.
- 🖥 https://restaurant canripoll.com
- 🍽 Precio medio: 35 €.

Cocina mediterránea.

### Llucmajor

**Andreu Genestra**
- ✉ Camí de Sa Torre, km 8,7.
- ☎ 971 070 873.
- 🖥 https://andreugenestra.com
- 🍽 Precio medio: 80 €.

Restaurante de una estrella Michelin basado en el concepto "cocina de la tierra". Vistas al castillo desde su terraza.

### Sóller

**Randemar**
- ✉ Passeig Es Través 16. Port de Sóller.
- ☎ 971 634 57.
- 🖥 www.randemar.com
- 🍽 Precio medio: 35 €.

En el puerto, en una antigua casa señorial, con jardín y terraza. Cocina mediterránea.

### Valldemosa

**Can Costa**
- ✉ Ctra. Valldemossa-Palma, km 2,5.
- ☎ 971 612 263.
- 🖥 www.cancosta valldemossa.com
- 🍽 Precio medio: 25-30 €.

Platos mallorquines en un ambiente rural.

**Can Pedro**
- ✉ Avda. del Arxiduc Lluis Salvador, 25.
- ☎ 971 612 170.
- 🖥 www.canpedro.com
- 🍽 Precio medio: 25-30 €.

Combina recetas mallorquinas y otras de temporada desde hace más de cincuenta años.

# Vida nocturna

La costa de **Calvià** es una de las áreas más animadas de España durante las noches de verano, con zonas muy selectas –como Puerto Portals–, otras tranquilas y agradables –Santa Ponça y Palmanova– y otras con un turismo mayoritariamente británico y de muy baja calidad –Magaluf y Peguera.

**Puerto Portals** es un club náutico de lujo. En sus muelles se ha instalado un exclusivo centro comercial con tiendas, restaurantes, bares, cafeterías y pubs por donde van los famosos, familia real española incluida.

En **Portopi** se encuentra el Casino de Mallorca, el único de la isla, con todos los juegos y un restaurante-sala de fiestas.

**Port d'Alcúdia, Platja de Muro** y **Can Picafort** cuentan con muchos locales de diversión, orientados en su mayor parte hacia el turismo extranjero.

En el Port d'Alcúdia hay un núcleo muy animado alrededor del Club Náutico.

**El Port d'Andratx** es uno de los lugares preferidos por la *jet-set* y los famosos que veranean en Mallorca para cenar y tomar una copa.

# Deportes y diversiones

### Náuticos y puertos deportivos

En casi todos los puntos de la costa es posible practicar cualquier modalidad de los deportes de agua, así como alquilar embarcaciones de vela o motor.

### Excursión en barca al Parque Natural de Llevant

✉ Port dÀlcúdia.
☎ 628 591 660.
🖥 https://mysea experience.com

### Cruceros Margarita

☎ 638 779 001.
🖥 www.cruceros margarita.com
Servicio regular a la isla de Dragonera.

### Cruceros Cormorán

☎ 971 686 849.
🖥 https://cruise cormoran.com
Trayectos hasta la isla Dragonera.

### La Gaviota

✉ Pollença.
☎ 971 864 014.
🖥 www.lanchas lagaviota.com
Excursiones por mar.

### Casino de Mallorca

✉ Av. de Gabriel Roca. Centro Comercial. Porto Pi. Palma.
☎ 971 130 000.
🖥 www.casinode mallorca.com
Abierto todos los días de 10 h a 4 h.

### Submarino turístico Sunbonoo

✉ Portocolom.
🖥 www.sunbonoo.com
Excursión única en Mallorca, un viaje fascinante e inolvidable al fondo marino.

### Dive&Fun

✉ Font de Sa Gala. Capdepera.
☎ 971 818 036.
🖥 www.mallorca diving.de
Submarinismo.

### Excursiones en barca desde Palma por la bahía

🖥 www.nattivus.com

### Rutas guiadas y turismo activo

✉ Camí de Son Moro Vell, 2. Cala Millor.
☎ 620 020 904.
🖥 www.viuaventura. com

### Karakorum Adventure

✉ Neptuno, 40. Cala Ratjada. Capdepera.
☎ 610 344 702.
🖥 www.karakorum -adventure.com
Senderismo y turismo activo.

### Mallorca Balloons

☎ 971 596 969.
🖥 www.mallorca balloons.com
Paseos en globo.

### Mallorcaparapente

☎ 627 538 344.
🖥 www.mallorca parapente.es
Vuelos en parapente.

### Atemrausch

✉ Temporal, 9. Cala Sant Vicenç.
☎ 611 699 090.
Snorkeling.

**Hipódromo de Palma
Son Pardo**

✉ Ctra. de Palma a
   Sóller, km 3,5.
☎ 971 754 031.
🖥 www.instituthipic
   demallorca.com

**Hipódromo
de Manacor**

✉ Ctra. Palma-Artà,
   km 48.
☎ 971 550 023.
🖥 https://federacio
   baleardetrot.com

**T Golf
Calvia**

✉ Ctra. de Cala Figuera.
   Magalluf.
☎ 971 130 148.
🖥 https://t-golf.club/es/
   calvia

# ▌ Compras

Mallorca es conocida internacionalmente por sus perlas artificiales, prendas de cuero y ante, objetos de vidrio soplado y el calzado. La mayoría de los artículos de cuero y ante proceden de Inca. Para la compra de perlas artificiales el mejor sitio es Manacor. La zona comercial en Palma más típica se sitúa por el centro de la ciudad. En el **barrio antiguo** es posible encontrar las calles típicas de artesanía popular. En el carrer Argenteria (Platería) se venden las tradicionales joyas mallorquinas. En el carrer Conquistador hallamos tiendas que ofrecen mantelerías bordadas de punto mallorquín y artículos de piel. La principal avenida comercial es Jaume III, y en la Rambla hay tiendas de antigüedades y el mercado de las flores. Como centro comercial importante se puede señalar Els Geranis, en el passatge Guillem de Torrella, zona peatonal en la que es posible cubrir cualquier tipo de demanda.

## ARTESANÍA

En los últimos años las instituciones de las Baleares han dado un decidido apoyo a las iniciativas de los artesanos. Tal vez ha influido en ello la sensación de que, en algunos casos, estos viejos oficios se perdían al desaparecer sus últimos maestros. Hoy puede decirse que la producción artesanal de las Baleares ha mejorado en relación a años recientes, y especialmente ha mejorado la consideración social hacia ella. El Govern Balear ha otorgado credenciales de calidad a los artesanos *(Carta de Mestre Artesà)* y un sello de calidad a sus productos *(Producte de Qualitat Artesana)* y ha creado un departamento de artesanía en la consejería de Industria que procura la difusión de sus trabajos. Estos productos tienen presencia en todas las ferias y mercados de las distintas localidades. En el monasterio de Lluc se celebra el domingo un mercadillo de artesanía. A continuación, y a sabiendas de que puede resultar incompleto, se ofrece un listado de talleres artesanos mallorquines:

### Alaró

**Toni Mora**

✉ Carretera Alaró, km 4.
☎ 971 514 317.
🖥 https://tonymora.com
Zapatos.

### Alcúdia

**D&C Artesanías**
✉ Lledoner, 15-9.

Tejidos en lana de telar, sombreros, pulseras de cuero.

**IVO**

✉ Major, 46.
☎ 971 546 400.
🖥 www.ivo-online.com
Joyas de diseño.

### Algaida

**Gordiola**

✉ Ctra. Palma a
   Manacor, km 19.
☎ 971 665 046.
🖥 www.gordiola.com
Vidrio soplado artístico.

**Can Majoral**
✉ Campanar, s/n.
☎ 971 665 867.
🖥 www.canmajoral.com
Tienda y bodega.

### Artà

**D'Artà**
✉ Av. de Costa
   i Llobera, 6.
☎ 971 836 981.
🖥 www.darta.es
Tradición, sostenibilidad y calidad bajo un mismo paraguas: productos textiles, gastronómicos y artesanos elaborados en Artà. Destacan especialmente los magníficos trabajos en *llatra* (artesanía del trenzado del palmito).

**Licores Moyà**

✉ Carrer 31
   de Març, 11.
☎ 971 836 038.
🖥 https://moya.es

## Banyalbufar

**Cooperativa Malvasía de Banyalbufar**
- ✉ Esperit Sant, 13.
- ☎ 616 537 146.
- 🌐 www.malvasiade banyalbufar.com

## Binissalem

**Pastelería Can Manolo**
- ✉ Bonaire, 77.
- ☎ 971 886 346.

Excelentes ensaimadas, *panades* y otras delicias de la repostería mallorquina.

## Capdepera

**Son Poca Palla**
- ✉ Segadors Gabellins, 2.
- ☎ 971 564 434.
- 🌐 https://sonpocapalla. com

Artesanía, artículos de regalo en palmito, rafia, junco y esparto.

## Felanitx

**Cerámicas Mallorca**
- ✉ Sant Agustí, 50.
- ☎ 971 580 201.
- 🌐 www.ceramicas mallorca.com

## Marratxí

**Ca Madò Bet dels Siurells**
- ✉ Jaume I, 10. Sa Cabaneta.
- ☎ 610 427 794.
- 🌐 www.camadobet.com

Es la *siurelleria* más antigua y con más tradición de Mallorca.

## Manacor

**Orquídea**
- ✉ Ctra. Palma-Manacor, km 48.
- 🌐 www.orquidea online.com

Perlas artificiales en originales diseños de joyería.

---

**Majorica**
- ✉ Via Palma, 9.
- ☎ 971 815 212.
- 🌐 www.majorica.com

Perlas artificiales.

## Palma

**Mercadillo de artesanía**
- ✉ Plaza Mayor.

Artesanía.

**Forn d'es Pont**
- ✉ Indústria, 27.
- ☎ 971 737 343.
- 🌐 www.forndespont.es

Ensaimadas.

**Alpargatería La Concepción**
- ✉ Concepció, 17.
- ☎ 971 71 07 09.
- 🌐 www.zapateria mallorca.com

Alpargatas y cestería.

**La Vinoteca**
- ✉ Pare Bartomeu Pou, 29.
- ☎ 971 761 932.
- 🌐 www.lavinoteca.info

Vinos.

## Petra

**Bodegas Miquel Oliver**
- ✉ Ctra. Petra-Santa Margalida, km 1,8.
- ☎ 971 561 117.
- 🌐 https://miqueloliver. com

Vinos.

**Can Coleto**
- ✉ Pol. 6 Parc, 66. Camí de Son Reixac.
- ☎ 658 879 488.
- 🌐 www.vinscancoleto. com

Vinos.

## Porreres

**Mesquida Mora**
- ✉ Pas des Frare, s/n.
- ☎ 971 647 106.
- 🌐 https:// mesquidamora.com

Vinos.

---

## Santa Eugènia

**Bodegas Ángel**
- ✉ Ctra. Santa Maria-Santa Eugènia, km 4,8.
- ☎ 971 180 118.
- 🌐 www.bodegasangel. com

Vinos.

## Sencelles

**Vins Ca sa Padrina**
- ✉ Camí dels Horts, s/n. Sencelles.
- ☎ 660 211 939.
- 🌐 http://vinscasa padrina.com

Vino.

## Sóller

**Embutidos La Luna**
- ✉ Av. d'Astúries, 4.
- ☎ 971 630 168.
- 🌐 www.la-luna.es

Sobrasada.

**Cooperativa Sant Bartomeu**
- ✉ Ctra. Fornalutx, 8.
- ☎ 971 630 294.

Degustación y venta de productos locales.

### MERCADOS

**Lunes:** Calvià, Montuïri, Manacor. **Martes:** Alcúdia, Artà, Porreres. **Miércoles:** Andratx, Llubí, Llucmajor, Sencelles, Sineu. **Jueves:** Ariany, El Arenal, Inca. **Viernes:** Alaró, Algaida, Binissalem, Maria de la Salut. **Sábados:** Campanet, Costitx, Santanyí, Sóller. **Domingos:** Alcúdia, Campos, Felanitx, Llucmajor, Muro, Pollença, Santa María, Valldemosa. En Palma hay mercado diario en plaza del Olivar y con puestos exteriores los martes y jueves en la plaza de Pere Garau. Hay otros mercados muy populares en los barrios de Santa Catalina, Camp Rodó, Sant Ferran y zona llamada del Tenis (calle Joan Crespí).

# ▎Ferias y mercados tradicionales

Celebrados habitualmente en la plaza más representativa de la localidad, estos mercados y ferias ofrecen la oportunidad de realizar compras gastronómicas y artesanales a buen precio. Son eventos muy queridos en la Mallorca rural, y en ellos es posible escuchar cómo se expresan hombres y mujeres en su lengua natal, ver una muestra amplísima de los productos agrícolas locales, comprender el sentido de sus celebraciones... Las ferias marcan el inicio o el final de las estaciones y labores agrícolas: la de *Sant Marçal* (en Marratxí, 30 de junio) señala el inicio del verano payés, la de *Sant Miquel* (en numerosas localidades de la isla, 29 de septiembre) se considera aún el

momento de renovar los contratos de aparcería y de iniciar la siembra y la vendimia; la primera *fira de Inca* (principios del otoño) señalaba el momento de "trencar les olives", de partir las aceitunas para aliñarlas al estilo mallorquín dejándolas macerar con hinojo durante meses en una *alfàbia* de barro cocido, etc. Otras tienen nombres muy populares y significativos: el *Dijous bo* (Inca), la *fira des Pebre Bord* (21 de noviembre en Felanitx, feria del pimentón), *des Vermar* (Binissalem, último domingo de septiembre), *de sa Perdiu* (Montuïri, primer domingo de diciembre, con muestras de ejemplares de machos de perdiz roja)... He aquí una relación de mercados concurridos, y ferias típicas:

## CALENDARIO

**Artà,** segundo domingo de septiembre.
**Costitx,** 1 de mayo.
**Campos,** 8 de mayo.
**Campanet,** 8 de mayo.
**Felanitx,** segundo domingo de mayo y tercer domingo de septiembre.
**Inca,** tercer jueves del mes de noviembre.
**Llucmajor,** domingo anterior a San Lucas (18 de octubre).
**Marratxí,** 30 de mayo.
**Manacor,** 22 de mayo.
**Pollença,** segundo domingo de noviembre.
**Sa Pobla,** segundo viernes y tercer y cuarto domingo de noviembre.
**Sineu,** primer domingo de mayo, domingo siguiente al 15 de agosto y 21 de diciembre.
**Sóller,** segundo domingo de mayo.

# ▎Niños

**Western Water Park**
✉ Ctra. a Cala Figuera, 1-23.
☎ 971 131 203.
🌐 www.westernpark.com

**Katmandú Park**
✉ Avda. Pedro Vaquer Ramis. Magaluf.
☎ 971 134 660
🌐 https://mallorca.katmanduparks.com

**Jungle Parc (aventura)**
✉ Av. Jaume I, 40. Santa Ponça.
☎ 630 948 295.
🌐 www.jungleparc.es

**Safari-Zoo**
✉ Ctra. de Porto Cristo a Son Servera, km 5.
☎ 971 810 909.
🌐 www.safari-zoo.com

En coche o en grupo en una camioneta de safari.

**Marineland**
✉ Costa d'en Blanes. Calvià.
☎ 680 519 863.
🌐 www.marineland.es
🖥 Consultad la web.
Delfinario, acuario, reptiles.

**Natura Parc**
✉ Ctra. de Sineu, km 15,4. Santa Eugènia.
☎ 971 144 078.
🌐 www.naturapark.net

**Palma Aquarium**
✉ Manuela de los Herreros, 21. Platja de Palma.
☎ 971 746 104.
🌐 https://palmaaquarium.com

**Aqualand**
✉ Autovía Palma-Arenal, salida 13, km 15.
☎ 696 158 177.
🌐 www.aqualand.es/elarenal

**Hidropark**
✉ Avda. Tucán, s/n. Port d'Alcúdia.
☎ 971 891 672.
🌐 https://hidropark alcudia.com
🖥 De mayo a octubre.

**Reserva Park**
✉ Predio Son Net, s/n. Puigpunyent.
☎ 971 616 622.
🌐 www.reservapark.net
🖥 Verano: de 10 h a 17 h. Parque de naturaleza y aventura en la Reserva del Puig de Galatzó.

# Alojamiento

## PALMA

### Arabella Golf Hotel*****
- ✉ Camí de Son Vida, 38.
- ☎ 971 783 000
- 🖥 https://arabellagolf mallorca.com
- 🛏 Habitación doble: desde 275 €.

Hotel de gran lujo en un edificio que es respetuoso con el entorno y que alberga una colección de obras de arte.

### Palacio Ca Sa Galesa*****
- ✉ Miramar, 8.
- ☎ 971 715 400.
- 🖥 https://palacioca sagalesa.com
- 🛏 Habitación doble: desde 220 €.

Céntrico. Cada habitación decorada en un estilo diferente.

### GPRO Valparaíso Palace*****
- ✉ F. Vidal i Sureda, 23.
- ☎ 971 400 300.
- 🖥 www.gprovalparaiso. com
- 🛏 Habitación doble: desde 175 €.

Ubicado en un inmenso jardín.

### Castillo Hotel Son Vida GL*****
- ✉ Urb. Son Vida. Raixa, 2.
- ☎ 971 493 493.
- 🖥 https://castilloson vida.hoteltreats.com
- 🛏 Habitación doble: desde 360 €.

### Hotel Hesperia Ciutat de Mallorca****
- ✉ Francesc Vidal i Sureda, 24.
- ☎ 971 701 306.
- 🖥 www.hesperia.com
- 🛏 Habitación doble: desde 110 €.

Hotel moderno y funcional.

### Meliá Palma Marina****
- ✉ Av. Gabriel Roca, 29.
- ☎ 912 764 747.
- 🖥 www.melia.com
- 🛏 Habitación doble: desde 115 €.

### San Lorenzo****
- ✉ Sant Llorenç, 14.
- ☎ 971 728 200.
- 🖥 https://hotelsan lorenzo.com
- 🛏 Habitación doble: desde 140 €.

Palacete del siglo XVII en el casco antiguo.

### Saratoga****
- ✉ Passeig Mallorca, 6.
- ☎ 971 727 240.
- 🖥 www.hotelsaratoga. com
- 🛏 Habitación doble: desde 100 €.

### Hotel HM Jaime III****
- ✉ Passeig Mallorca, 14.
- ☎ 871 719 138.
- 🖥 www.hmjaimeiii.com
- 🛏 Habitación doble: desde 105 €.

Un clásico de la ciudad.

### Costa Azul***
- ✉ Av. Gabriel Roca, 7.
- ☎ 971 731 940.
- 🖥 www.hotel costaazul.es
- 🛏 Habitación doble: desde 100 €.

### Isla Mallorca & Spa****
- ✉ Pilar Juncosa, 7.
- ☎ 971 281 200.
- 🖥 www.islamallorca. com
- 🛏 Habitación doble: desde 119 €.

### Hotel Lis Mallorca****
- ✉ Margaluz, 13.
- ☎ 606 923 165.
- 🖥 https://hotellis.es
- 🛏 Habitación doble: desde 112 €.

Situado en Sant Agustí, a cuatro minutos a pie de la playa de Cala Major. Piscina y terraza con bañera de hidromasaje en la azotea.

### Born**
- ✉ Sant Jaume, 3.
- ☎ 971 712 942.
- 🖥 www.hotelborn.com
- 🛏 Habitación doble: desde 130 €.

Antigua casa-palacio del siglo XVI. Tiene un típico patio mallorquín con palmeras y un magnífico zaguán.

### Amic Horizonte**
- ✉ Vista Alegre, 1.
- ☎ 902 400 661.
- 🖥 www.amic-hotels.com
- 🛏 Habitación doble: desde 85 €.

Hotel moderno con amplias y confortables habitaciones que tienen una pequeña terraza con vistas soberbias sobre el puerto y la bahía.

### Hostal Corona*
- ✉ Josep Villalonga, 22.
- ☎ 971 676 949.
- 🛏 Habitación doble: desde 70 €.

Alojamiento con mucha solera a los pies del castillo de Bellver, en una calle tranquila pero muy próxima a la bulliciosa plaça Gomila.

## RESTO DE LA ISLA
### Alcúdia

### Hotel Bahía de Alcúdia****
- ✉ Avda. de la Playa, 6.
- ☎ 971 545 800.
- 🖥 www. hotelbahiade alcudia.com
- 🛏 Habitación doble: desde 125 €.

Todas las comodidades: piscina, spa, gimnasio, *Lounge-terrace* y jardín.

**Hotel Ca'n Pere****
- ✉ Serra, 12.
- ☎ 971 545 243.
- 🖱 www.hotel canpere.com
- 🛏 Habitación doble: 80 €.

Pequeño hotel que ocupa una antigua casa señorial del siglo XIX.

**Fonda Llabrés*****
- ✉ Pl. de la Constitució, 6.
- ☎ 971 545 000.
- 🖱 https://fondallabres. com
- 🛏 Habitación doble: desde 160 €.

**Hostal Vista Alegre***
- ✉ Passeig Marítim, 10.
- ☎ 971 547 347.
- 🖱 www.hostalvista alegre.com
- 🛏 Habitación doble: desde 90 €.

Establecimiento familiar cerca del mar.

## Andratx

**Hotel Aula Gran Camp de Mar****
- ✉ Av. Gabriel Covas Alemany, 2.
- ☎ 912 186 256.
- 🖱 www.hyattinclusive collection.com
- 🛏 Habitación doble: desde 90 €.

**Hotel Brismar****
- ✉ Almirante Riera Alemany, 6. Port
- ☎ 971 671 600.
- 🖱 www.hotel brismar.com
- 🛏 Habitación doble: 95 €.

Habitaciones amplias, bien decoradas y con magníficas vistas.

## Binissalem

**Agroturismo Finca Dalt Murada**
- ✉ Camino del Raiger.
- ☎ 607 615 156.
- 🖱 www.fincadalt murada.com
- 🛏 Habitación doble: desde 95 €.

Finca en pleno campo, a 2 km del núcleo urbano. Casa de piedra con piscina y rodeada de almendros.

## Cala Ratjada

**Ses Rotges**
- ✉ Rafael Blanes, 21.
- ☎ 971 563 108.
- 🖱 https://sesrotges.com
- 🛏 Habitación doble: 120 €.

Romántico hotel con todas las comodidades y más.

## Calvià

**Hospes Maricel*****
- ✉ Ctra. de Andratx, 11. Cas Català.
- ☎ 971 707 744.
- 🖱 www.hospes.com
- 🛏 Habitación doble: desde 470 €.

Ubicación privilegiada en un paraje único.

**Bon Sol****
- ✉ Passeig Illetes, 30. Ses Illetes.
- ☎ 971 402 111.
- 🖱 www.hotelbonsol.es
- 🛏 Habitación doble: desde 230 €.

Vistas al mar y playa privada.

**Barceló Albatros****
- ✉ Passeig Illetes, 15. Ses Illetes.
- ☎ 971 402 211.
- 🖱 www.barcelo.com
- 🛏 Habitación doble: desde 105 €.

Solo para adultos.

**Globales Cala Viñas****
- ✉ Carrer de les Sirenes, 17.
- ☎ 971 131 100.
- 🖱 www.globales.com
- 🛏 Habitación doble: desde 100 €.

Hotel para adultos que combina paz y relajación.

**Palace Bonanza Playa****
- ✉ Passeig Illetes, 21.
- ☎ 971 401 112.

- 🖱 www.hotelesbonanza. com
- 🛏 Habitación doble: desde 125 €.

Junto al mar, en primera línea de playa. Alejado del bullicio.

**Son Malero**
- ✉ Camí de Son Malero, s/n.
- ☎ 971 670 301.
- 🖱 www.sonmalero.es
- 🛏 Habitación doble: desde 125 €.

Una espléndida casa antigua reformada. Capacidad para 12 personas.

## Campos

**Hotel Son Cosmet****
- ✉ Ctra. Campos-Sa Ràpita, km 2.
- ☎ 971 651 643.
- 🖱 https://soncosmet.com
- 🛏 Habitación doble: desde 130 €.

Antigua posesión mallorquina transformada en hotel rural.

## Capdepera

**AulaSoul Carlolina****
- ✉ Av. Cala Provençals, 11.
- ☎ 912 186 256.
- 🖱 www.hyattinclusive collection.com
- 🛏 Habitación doble: desde 145 €.

Solo para adultos.

## Costitx

**Son Tomasset**
- ✉ Predio Son Tomasset.
- ☎ 676 616 878
- 🛏 Habitación doble: desde 110 €.

Curioso conjunto de tres casas diseminadas.

## Deià

**Hotel Es Molí****
- ✉ Ctra. Valldemossa-Deià, km 6,30.
- ☎ 971 639 000.
- 🖱 www.esmoli.com
- 🛏 Habitación doble: desde 115 €.

Buenas instalaciones deportivas.

### Belmond
### La Residencia****
- ✉ **Son Canals, s/n.**
- ☎ **971 639 011.**
- 🖰 **www.belmond.com**
- 🛏 **Habitación doble:**
  **desde 450 €.**

En plena sierra de Tramuntana. Cuenta con un afamado restaurante, *El Olivo*.

## Felanitx

### Cala d'Or****
- ✉ **Av. de Bélgica, 49.**
  **Cala d'Or.**
- ☎ **971 657 249.**
- 🖰 **www.hotelcalador.com**
- 🛏 **Habitación doble:**
  **desde 250 €.**

### Inturotel
### Esmeralda Park***
- ✉ **Caló des Corral, s/n.**
  **Cala d'Or.**
- ☎ **971 657 274.**
- 🖰 **www.inturotel.com**
- 🛏 **Habitación doble:**
  **desde 110 €.**

### Rocamarina****
- ✉ **Urbanización**
  **Es Fortí, 14.**
  **Cala d'Or.**
- ☎ **971 657 832.**
- 🖰 **www.rocamarina.com**
- 🛏 **Habitación doble:**
  **desde 175 €.**

### Cala Marsal****
- ✉ **Playa Cala Marçal.**
  **Portocolom.**
- ☎ **971 825 225.**
- 🖰 **www.hotelclubcala**
  **marsal.com**
- 🛏 **Habitación doble:**
  **desde 100 €.**

Habitaciones amplias y confortables. Vistas a la playa.

### JS Cape Colom***
- ✉ **Assumpció, 14.**
  **Portocolom.**
- ☎ **871 027 952.**
- 🖰 **www.jshotels.com**
- 🛏 **Habitación doble:**
  **desde 120 €.**

## Fornalutx

### Hotel Can Verdera
- ✉ **Toros, 1.**
- ☎ **686 677 536.**
- 🖰 **www.hotelcan**
  **verdera.com**
- 🛏 **Habitación doble:**
  **desde 180 €.**

Ideal como base para las excursiones por la sierra.

## Llucmajor

### Fornalutx Petit
### Hotel****
- ✉ **L'Alba, 22.**
- ☎ **971 631 997.**
- 🖰 **www.fornalutx**
  **petithotel.com**
- 🛏 **Habitación doble:**
  **desde 120 €.**

### Ona Cala Pi Club****
- ✉ **Urbanización Torre**
  **de Cala Pi, 7.**
- ☎ **932 029 611.**
- 🖰 **www.onahotels.com**
- 🛏 **Habitación doble:**
  **desde 120 €.**

### Tent Bahía
### de Palma***
- ✉ **Trencadors, 74. Platja**
  **de S'Arenal.**
- ☎ **971 441 536.**
- 🖰 **www.tenthotels.com**
- 🛏 **Habitación doble:**
  **desde 80 €.**

## Manacor

### HSM Canarios Park***
- ✉ **Cala Antena, 23.**
- ☎ **971 833 693.**
- 🖰 **www.saintmichel.net**
- 🛏 **Habitación doble:**
  **desde 125 €.**

### Hotel Globales
### Samoa***
- ✉ **Formentor, s/n.**
  **Cales de Mallorca.**
- ☎ **971 833 300.**
- 🖰 **www.globales.com**
- 🛏 **Habitación doble:**
  **desde 130 €.**

### Hotel Cala Murada***
- ✉ **Via Europa, 27.**
- ☎ **971 833 800.**
- 🖰 **www.hotelcala**
  **murada.com**
- 🛏 **Habitación doble:**
  **desde 90 €.**

### Hotel Castell
### dels Hams***
- ✉ **Ctra. Porto Cristo**
  **a Manacor.**
- ☎ **971 213 533.**
- 🖰 **www.palia.es**
- 🛏 **Habitación doble:**
  **desde 120 €.**

### Blau Punta Reina
### Resort***
- ✉ **Cala Mandia.**
  **Porto Cristo Novo.**
- ☎ **971 558 001.**
- 🖰 **www.blaupunta**
  **reinaresort.com**
- 🛏 **Habitación doble:**
  **desde 125 €.**

### Son Amoixa Vell
- ✉ **Ctra. Manacor-Cales**
  **de Mallorca, km 3,4.**
- ☎ **971 846 292.**
- 🖰 **www.sonamoixa.com**
- 🛏 **Habitación doble:**
  **desde 170 €.**

## Montuïri

### Can Moio
- ✉ **Pare Antoni Martorell, 3.**
- ☎ **670 427 088.**
- 🖰 **https://canmoio.com**
- 🛏 **Habitación doble:**
  **desde 230 €.**

Casa antigua y catalogada, en el corazón del pueblo ahora un precioso hotel boutique.

## Muro

### Lagotel Club****
- ✉ **Avda. Lago, s/n. Urb.**
  **Las Gaviotas.**
- ☎ **971 890 520.**
- 🖰 **www.eixhotels.com**
- 🛏 **Habitación doble:**
  **desde 95 €.**

### Los Príncipes & Spa****
- ✉ **Galió, 31. Urb.**
  **Las Gaviotas.**
- ☎ **971 890 335.**
- 🖰 **www.grupotel.com**
- 🛏 **Habitación doble: 170 €.**

## Pollença

### Cala Sant Vicenç****
- ✉ Maressers, 2. Cala Sant Vicenç.
- ☎ 971 530 250.
- 🌐 www.hotelcala.com
- 🛏 Habitación doble: desde 175 €.

### Illa d'Or****
- ✉ Colón, 265. Port de Pollença.
- ☎ 971 865 100.
- 🌐 www.hotelillador.com
- 🛏 Habitación doble: desde 170 €.

### Hotel Desbrull***
- ✉ Marquès Desbrull, 7.
- ☎ 639 832 470.
- 🌐 www.desbrull.com
- 🛏 Habitación doble: desde 150 €.

Edificio moderno con diseño contemporáneo ubicado en el centro histórico de la ciudad.

### Daina****
- ✉ Atilio Boveri, 2. Port de Pollença.
- ☎ 971 866 250.
- 🌐 www.hoposa.es
- 🛏 Habitación doble: desde 240 €.

### Juma***
- ✉ Plaça Major, 9.
- ☎ 971 535 002.
- 🌐 www.pollensahotels.com
- 🛏 Habitación doble: desde 130 €.

Hotel de 1907. Familiar y bien decorado.

### Miramar****
- ✉ Passeig d'Anglada Camarassa, 39.
- ☎ 971 866 400.
- 🌐 www.hotelmiramarmallorca.com
- 🛏 Habitación doble: desde 215 €.

Uno de los hoteles pioneros del puerto. Conserva su glamour de principios del siglo xx. Magníficas vistas y céntrico.

### Hotel Sis Pins***
- ✉ Passeig d'Anglada Camarassa, 77. Port.
- ☎ 971 867 050.
- 🌐 https://hotelsispins.com
- 🛏 Habitación doble: desde 158 €.

En la bahía del puerto, es famoso porque en él se alojó la escritora Agatha Christie, inspirándose para su novela *Muerte en Pollensa*.

## Sant Llorenç des Cardassar

### Protur Playa Cala Millor Hotel****
- ✉ Platja Cala Millor, 1.
- ☎ 971 585 212.
- 🌐 www.protur-hotels.com
- 🛏 Habitación doble: desde 155 €.

### Hotel Voramar***
- ✉ Binicadella, 2.
- ☎ 971 585 871.
- 🌐 www.hotelvoramarmallorca.es
- 🛏 Habitación doble: desde 134 €.

### Hipotels Hipocampo Palace****
- ✉ S'Estanyol, 13.
- ☎ 971 587 002.
- 🌐 www.hipotels.com
- 🛏 Habitación doble: desde 200 €.

### Hotel Rural Son Trobat
- ✉ Ctra. Manacor-Sant Llorenç, km 4,8.
- ☎ 971 569 674.
- 🌐 www.sontrobat.com
- 🛏 Habitación doble: desde 130 €.

25 cómodas habitaciones en un paraje tranquilo.

## Santa Margalida

### Es Bauló Petit Hotel***
- ✉ Avda. Santa Margalida, 28.
- ☎ 971 850 063.
- 🌐 www.esbaulo.com
- 🛏 Habitación doble: desde 180 €.

## Santanyí

### S'Hotelet de Santanyí***
- ✉ Plaça Major, 23.
- ☎ 971 653 585.
- 🌐 www.hoteletsantanyi.com
- 🛏 Habitación doble: desde 290 €.

Muy céntrico, junto a la iglesia del pueblo, y con encanto.

## Sóller

### Es Port****
- ✉ Antoni Montis, s/n.
- ☎ 971 631 650.
- 🌐 www.hotelesport.com
- 🛏 Habitación doble: desde 210 €.

En una casa del siglo xvi rodeada por un inmenso jardín.

### Hotel Los Geranios****
- ✉ Paseo de la Playa, 15.
- ☎ 971 631 440.
- 🌐 www.hotellosgeranios.com
- 🛏 Habitación doble: desde 130 €.

### Hotel Miramar*
- ✉ Marina, 12.
- ☎ 971 631 350.
- 🌐 www.miramarsoller.com
- 🛏 Habitación doble: desde 120 €.

Familiar y acogedor.

## Valldemossa

### Hotel Continental Valldemossa**
- ✉ Ctra. Ma-10, km 68,3.
- ☎ 971 612 000.
- 🌐 www.hotelcontinentalvalldemossa.com
- 🛏 Habitación doble: desde 130 €.

### Hostal Ca'n Marió*
- ✉ Carrer Uetam, 8.
- ☎ 971 612 122.
- 🛏 Habitación doble: desde 60 €.

# Información práctica

## TRANSPORTES

### ▌ Aeropuerto Son Sant Joan

✉ A 6 km de Palma.
☎ 913 211 000.
🖰 www.aena.es

**Iberia**
☎ 918 790 033.
🖰 www.iberia.com

**Air Europa**
☎ 911 401 501.
🖰 www.aireuropa.com

**Oficina de Información Turística Aeropuerto**
☎ 971 789 556.

Para llegar hasta Palma, además de los taxis, se dispone de un buen servicio de **autobuses** con destino a la estación de ferrocarril situada en la plaza de España.

### ▌ Busca vuelos en Internet

Con el fin de encontrar la mejor oferta para organizar un viaje, es aconsejable recurrir a un buscador de vuelos que compare el mayor número de aerolíneas y agencias de viaje, por ejemplo, **Kayak, Amadeus** o **Skyscanner.** Este último comparador es el que más vuelos compara e incorpora filtros de búsqueda de gran utilidad, por lo que las posibilidades de encontrar una buena oferta se multiplican.

**www.skyscanner.es**

## CALENDARIO DE FIESTAS

Son numerosas las fiestas que se celebran en Mallorca. Diferentes por su carácter, algunas rememoran acontecimientos históricos (conquista de Mallorca), o bien manifestaciones cuya raíz está en el pasado medieval (*cavallets*) o son tan antiguas que se desconoce su origen (*es cossiers*).

En otros casos, las festividades tienen reminiscencias precristianas, tan evidentes como en San Antonio y San Juan, y en general las romerías, aunque se celebren coincidiendo con el santoral. También hay festejos vinculados a las actividades de la vida campesina como en el caso de la fiesta de la vendimia o el *Dijous bo*. Destacar por último el **carnaval** y su contrapunto, la **Semana Santa**.

### ▌ Enero

**San Antonio Abad.** Esta fiesta se celebra el 17 de enero desde el año 1765. En la víspera de San Antonio Abad y alrededor de grandes hogueras, los mallorquines cantan y bailan acompañándose con zambombas. Tiene especial importancia en **Sa Pobla**, donde se come la tradicional *espinagada*. El día de la festividad del santo existe la tradición de llevar a bendecir a los animales en vistosas cabalgatas y desfiles de carrozas, que se realizan en **Palma, Artà, Pollença, Costitx, Pera, Sant Joan, Muro y Son Servera.**

En **Pollença** se celebra la *festa del pi* (del pino): los pollensins cortan un pino de la finca de Ternelles, un ejemplar previamente seleccionado por dos cualidades: ser muy alto y recto. Luego lo desbrozan y le quitan la corteza, y lo trasladan con gran algazara hasta instalarlo erecto en la Plaza Mayor para untarlo completamente con jabón. Los jóvenes se retan para ver quién consigue subir hasta el punto más alto. No es preciso decir que el vino y la cazalla no faltan en ningún momento. Tampoco la competencia verbal.

**San Sebastián.** Se conmemora el 20 de enero, es el patrón de Palma y durante una semana se organizan numerosos actos. El más popular es la *Revetlla* que se celebra en la Plaza Mayor la noche del 19 al 20 de enero: música popular mallorquina y *torradas* de productos típicos.

Es la ocasión para presenciar en distintos puntos de la ciudad las actuaciones de los primeros conjuntos del pop rock del momento. Hay también actuación de grupos de jazz, flamenco y música latina. Se conceden además los premios literarios de la ciudad.

## Febrero

**Carnaval.** Numerosas localidades de la isla festejan el carnaval con gran fuerza. Destaca la fiesta de *Es Darrers Díes* (los últimos días), en las fechas inmediatamente anteriores al inicio de la cuaresma; se celebran bailes de disfraces y desfiles callejeros en todos los pueblos. Es interesante conocer la fiesta de Palma (*Sa Rua*).

## Abril

**Semana Santa.** La Semana Santa y sus procesiones tienen también gran arraigo en la mayoría de las localidades de Mallorca. Cabe destacar los actos que tienen lugar el Viernes Santo: *El Davallament del Calvari* y la procesión del **Santo Entierro** que tiene lugar en **Pollença**, y se remontan a la Edad Media, y el *Davallament* de **Felanitx**.

Son muy interesantes también las **procesiones de penitentes de Sineu, Palma y Deià.**

**S´Encontrada.** En esta festividad se recuerda la Resurrección del Señor y se conmemora el encuentro de la Virgen con su hijo.

El domingo de Pascua, a primera hora de la mañana, en diversas localidades como **Porreres**, **Campos** o **Fellanitx** tiene lugar *S´Encontrada*.

**Las Romerías.** Se celebran normalmente coincidiendo con festividades religiosas en los oratorios de las islas. Las más populares son:

**Fiesta del *Pa i el Peix*,** el cuarto domingo de cuaresma en la localidad de **Sant Joan.**

El *Pancaritat* de la ermita de Crestaix, en **Sa Pobla,** la tercera fiesta de Pascua.

**Romería en la ermita de Santa Magdalena de Inca,** el domingo del Ángel, domingo primero después de Pascua. De esta romería se tienen noticias desde el año 1200.

**Romería de Sant Marçal** (30 de junio) en **Marratxí,** con un típico mercado de objetos de alfarería y artesanía.

**Corpus Christi.** En Palma, Pollença y otras localidades de la isla hay procesiones. Es interesante el **baile de las Águilas.**

## Mayo

**Ses Valentes Dones.** En la localidad de **Sóller** tiene lugar el primer lunes de mayo la fiesta de las Valientes Mujeres, conmemoración de la victoria obtenida en el año 1561 sobre los piratas turcos, en la cual tuvie-

## Líneas marítimas

Varias líneas marítimas enlazan la península y Mallorca (Barcelona, Valencia y Denia) todos los días. La bahía de Palma tiene acceso desde cualquier puerto mediterráneo. La compañía **Baleària** cubre varios trayectos que comunican Palma y Alcúdia con la península y también con las otras islas Baleares. Información y reserva de pasajes en las agencias o en la compañía.
☎ 912 660 215.
🖥 www.balearia.com

## Ferrocarril

**Estación de Renfe**
✉ Plaza de España, s/n. Palma.
☎ 912 320 320.
🖥 www.renfe.com
**Línea Palma-Inca**
Desde la estación intermodal opera la línea ferroviaria con diferentes destinos: Inca (T1), sa Pobla (T2) o Manacor (T3).
✉ Plaza de España, s/n.
☎ 971 177 777.
🖥 www.tib.org

**Tren de Sóller**
Hace el recorrido Palma-Sóller y tiene su destino en la estación de ferrocarril de Sóller.
✉ Plaza de España, s/n.
☎ 900 908 761.
🖥 https://trendesoller.com

**Tranvía de Sóller**
Desde Sóller al Port.
🖥 https://trendesoller.com

**OFICINAS DE TURISMO**
**Palma**

**OIT Estació Marítima**
✉ Moll Pelaires, delante de la Estació Marítima, 2.
☎ 902 102 365.

**OIT Parc de la Mar**
✉ Av. Antoni Maura. Parc de la Mar, s/n.
☎ 902 102 365.

**OIT Estacions**
✉ Parc de les Estacions, s/n.
☎ 902 102 365.

**OIT Platja de Palma**
✉ Pl. de les Meravelles, s/n.
☎ 902 102 365.
🌐 www.visitpalma.com

**Alcúdia**
**Alcúdia**
✉ Pg. de Pere Ventayol, s/n.
☎ 971 549 022.

**Port de Alcúdia**
✉ Passeig Marítim, s/n.
☎ 971 547 257.

**Andratx**
**Andratx**
✉ Av. de la Cúria, 1.
☎ 971 628 019.

**Port de Andratx**
✉ Av. Mateo Bosch, s/n (Edifici de la Llotja).
☎ 971 671 300.

**Calviá**
**Magaluf**
✉ Av. Pere Vaquer Ramis, 1.
☎ 971 131 126.

**Peguera**
✉ Ratolí, 1.
☎ 971 687 083.

ron parte destacada dos mujeres. La fiesta incluye vistosos combates de moros y cristianos. **Fiesta de los Ball de Bot**. Se celebra el 8 de mayo en **Sant Llorenç**. Consiste en una exhibición de bailes mallorquines. *Ball de Bot* es el nombre genérico de los bailes tradicionales de Mallorca, boleros, copeos, jotas o *mateixes* son variedades de estos bailes típicos.

### ▎Junio

**Hogueras de San Juan**. Desde el siglo XIII diversas localidades realizan el día 24 de junio las fiestas de San Juan, con hogueras que se preparan la noche de la víspera. *Festa d´es Sol qui Balla*. Muy señalada en la localidad de **Sant Joan** es la fiesta del Sol que Baila, cuyo nombre responde a la antigua creencia de que el sol baila en la noche de San Juan. Las fiestas se prolongan durante toda la semana del 24 y continúan con desfile de carrozas, pasacalles, bailes, *dimonis*, cabezudos y *xeremies*.

### ▎Julio y agosto

**Procesiones marineras**. Coincidiendo con las **festividades de San Pedro**, 29 de junio, y de la **Virgen del Carmen**, 16 de julio, tienen lugar vistosas procesiones marineras con embarcaciones engalanadas. Cabe destacar las de la festividad de San Pedro en **Palma, Alcúdia, Sóller** y **Andratx**; y las de la Virgen del Carmen en **Porto Colom, Port d´Andratx, Cala Ratjada** y **Sa Rápita**. **Fiestas Patronales de Sant Jaume**. En la localidad de **Alcúdia** se conmemoran las fiestas de Sant Jaume, el día 25 de julio. Sobresale la procesión del Cristo por las calles de la población, guiado por un sacerdote de la villa y seguido por miles de fieles y penitentes.

**Cavalcada de la Beata. Valldemossa**, cuna de santa Catalina Thomás, celebra el 27 de julio la fiesta de la santa mallorquina. Destaca el carro triunfal de la beata, en el que una niña representa la infancia de la santa, acompañado de otras carrozas a cuyo paso se entonan las coplas de sor Thomaseta. Las fiestas patronales son el 24 de agosto, San Bartolomé. También se celebra el **Festival de Chopin**.

Igualmente se festeja el 27 de julio en la localidad de **Santa Margalida** un desfile alegórico y acompañamiento de demonios.

En **Palma** esta procesión tiene lugar habitualmente el 28 de julio.

**Fiestas Patronales de San Abdón y San Senén**. El día 30 de julio se celebran en **Inca** con conciertos, castillos de fuegos artificiales, comparsa de gigantes y cabezudos y actuación de grupos folclóricos.

**Es Cavallets (Caballitos)**. Los cavallets bailan en festividades religiosas. Es un baile de origen medieval en la que los cavallets danzantes, simulando ser jinetes, con un caballito de cartón sujeto a la cintura, ejecutan danzas muy simples al ritmo del caramillo y del tamboril.

Hay danzas de cavallets en **Felanitx**, el 20 de julio y el 28 de agosto, día de San Agustín.

En **Pollença** se celebran el día de **Nuestra Señora de los Ángeles**, el 2 de agosto.

En esta fecha se realiza también la **fiesta de moros i cristians,** conmemoración de un acto heroico de defensa de la villa ante un ataque de piratas moriscos en el siglo XVI. La mitad de los pollensines se arman de espadas de madera rectas y se visten con trajes blancos que simulan sencillas camisas de dormir –y se calzan zapatillas blancas–, puesto que la tradición dice que el ataque se produjo mientras el pueblo dormía. La otra mitad se disfraza de musulmán, con la cara pintada y armados con curvos alfanjes de madera. A veces la lucha –que se reproduce en lugares marcados por el ritual festivo en distintos puntos de la localidad– provoca alguna herida, pese a ser solo una simulación. Hay además gran alarde de fuego de escopetería.

**Es Cossiers (danzantes)**. El baile de Es Cossiers es una danza antiquísima cuyo origen se desconoce, así como los comienzos de su implantación en Mallorca. Toman parte en ella seis hombres, llamados *cossiers* y otro, llamado dama, que ejecutan un baile con figuras.

Esta danza se conserva en muy pocos pueblos: **Alaró, Algaida, Manacor** y **Montuïri**. Los *cossiers* bailan el 25 de julio y 16 de agosto en Algaida y en Montuïri, el 24 de julio y los días 15, 23 y 24 de agosto.

**OFICINAS DE TURISMO**

**Santa Ponça**
✉ Puig de Galatzó, s/n.
☎ 971 691 712.

**Capdepera**
**Cala Ratjada**
✉ Av. Cala Agulla, 50.
☎ 971 819 467.
**Capdepera**
✉ Centre, 9.
☎ 971 556 479.

**Llucmajor**
**S'Arenal**
✉ Terral, 23.
☎ 971 669 162.

**Manacor**
**Manacor**
✉ Pl. del Convent, 3.
☎ 662 350 891.
**Porto Cristo**
✉ Pl. de l'Aljub, s/n.
☎ 662 350 882.

**Pollença**
**Pollença**
✉ Pere J. Cànaves Salas, s/n (Convent de Sant Domingo).
☎ 971 535 077.
**Port**
✉ Joan XXIII, 19.
☎ 971 865 467.

**Sant Llorenç des Cardassar**
**Cala Millor**
✉ Llevant, 2.
☎ 971 585 409.

**S'Illot**
✉ Llevant, 15.
☎ 971 810 699.

**Sa Coma**
✉ Av. les Palmeres, s/n.
☎ 971 810 892.

## OFICINAS
## DE TURISMO

### Santanyí

**Cala d'Or**
✉ Perico
  Pomar, 10.
☎ 971 657 463.

### Santa Margalida

**Can Picafort**
✉ Jaume Mandilego i
  Buchens, s/n.
☎ 971 850 758.

### Sóller

✉ Pl. Espanya, 15.
☎ 971 638 008.

**Port de Sóller**
✉ Edifici Portuari,
  Moll Comercial.
☎ 691 779 532.

### Son Servera

**Cala Bona**
✉ Av. del Moll s/n.
☎ 971 813 912.

### Valldemossa

✉ Av. de Palma, 7.
☎ 971 612 019.

## INFORMACIÓN
## EN INTERNET

🌐 www.visitpalma.
  com
🌐 www.mallorca.es

**Información
institucional
del Consell**
🌐 www.conselldemallorca.net

❚ **Septiembre**
**Festa des Meló** en **Vilafranca** el segundo domingo de septiembre.
**Festa des Vermar** (fiesta de la vendimia) el último domingo de septiembre, en **Binissalem.**
La **Diada del Lluc** se festeja el 14 de septiembre en la localidad de **Escorca**, en el **santuario de la Mare de Déu de Lluc,** donde *balladors*, *musics* y *cantadors* hacen realidad el bello folclore de la isla.

### Octubre

**Festes des Butifarró.** Con degustación de embutidos, se realiza el primer domingo de octubre, en **Sant Joan**.

**Festas des Bunyol.** Se celebra el último domingo del mes de octubre en **Bunyola.**

### Noviembre

El día de **Todos los Santos** en Mallorca es tradición regalar a los niños un rosario de *panellets* y *carabassat* (dulces típicos de estas fiestas).

**Dijous Bo (Buen Jueves).** En **Inca,** el tercer jueves de noviembre es un día de feria, mercado y fiesta, con asistencia multitudinaria de todas partes de la isla.

### Diciembre

**El Cant de la Sibil.la.** Se representa en todas las iglesias de Mallorca en la festividad del 24 de diciembre durante la misa del Gallo, evocándose la profecía del nacimiento de Jesús y el anuncio del Juicio Final. Es cantada por un niño ataviado con una tradicional túnica roja y verde, que blandiendo una espada, entona la antiquísima letra desde el púlpito de la iglesia.

Son particularmente esperadas las **sibil.les** de la catedral de **Palma** y de la Escolania de **Lluc** (hay que acudir horas antes, si uno quiere conseguir un buen sitio para oír la interpretación).

A veces, sin que se anuncie en la prensa, la cantante mallorquina Maria del Mar Bonet canta la *sibil.la* en alguna localidad del interior de la isla. De todos modos, se escuche donde se escuche y la cante quien la cante, esta antigua profecía medieval siempre estremece.

**Fiestas conmemorativas de la conquista de Mallorca.** Palma rememora, cada 31 de diciembre, la conquista de la ciudad por las tropas del rey Jaime I con una procesión única en la que se traslada el pendón real.

En el acto, que tiene lugar en la **Plaza de Cort** y se conoce como **Festa de l'Estendard** (estandarte o bandera de guerra), una poetisa local recita rodeada de niños vestidos con trajes tradicionales un popular poema de Pere d'Alcàntara Penya, autor mallorquín del siglo XIX, titulado *Sa Colcada,* en el cual se alude a la nostalgia que provoca el recuerdo de tiempos pasados, de la infancia ya irrecuperable.

# Índice de lugares